Oändlig Glädje: 100 Sätt att Förhindra att

du Glider in i Depression

Yovwe Sammyson

Innehållsförteckning

Kapitel ett

Introduktion

Välkommen till det inledande kapitlet av "Oändlig glädje: 100 sätt att förhindra att glida in i depression." På dessa sidor ger vi oss ut på en resa för att utforska komplexiteten i mental hälsa, med särskilt fokus på att förstå och förebygga depression. Det här kapitlet fungerar som inkörsporten till en omfattande guide utformad för att ge dig möjlighet att främja ett motståndskraftigt och positivt tänkesätt. Vi börjar med att reda ut depressionens lager, kasta ljus över dess inverkan och betona den djupa betydelsen av mentalt välbefinnande. När vi navigerar genom den här introduktionen blir syftet med boken tydligt – att förse dig med praktiska verktyg och strategier som kan integreras i ditt dagliga liv, och erbjuda en färdplan mot en framtid fylld av glädje och tillfredsställelse. Gör dig redo att ge dig ut på en transformativ utforskning som inte bara syftar till att förebygga depression utan att odla ett liv rikt på lycka och välbefinnande.

A. Översikt över depression

I utforskningen av depression är det viktigt att förstå den mångfacetterade naturen hos detta psykiska hälsotillstånd. Depression är inte en unik upplevelse utan ett spektrum av känslor och utmaningar som kan påverka individer på olika sätt. Det här avsnittet fördjupar sig i de olika formerna av depression, allt från allvarlig depressiv sjukdom till ihållande depressiv sjukdom, och belyser hur dessa manifestationer kan påverka ens tankar, känslor och dagliga liv. Genom att reda ut depressionens lager får läsarna insikt i tillståndets nyanserade karaktär och inser att det sträcker sig längre än bara sorg. Vi diskuterar förekomsten av depression globalt, och betonar den utbredda karaktären av denna mentala hälsoutmaning och skingra alla stigmatiseringar i samband med att söka hjälp. Att förstå de olika sätt som depression kan visa sig är avgörande för att lägga grunden för de efterföljande kapitlen, där praktiska strategier kommer att utforskas för att förhindra dess uppkomst och mildra dess effekter.

B. Betydelsen av mental hälsa

Vikten av mental hälsa är ett grundläggande koncept som formar det övergripande temat "Oändande glädje: 100 sätt att förhindra att glida in i depression." Det här kapitlet fördjupar sig i sambandet mellan mental hälsa och allmänt välbefinnande, och betonar att mentalt och känslomässigt välbefinnande är en integrerad del av ett hälsosamt och tillfredsställande liv. Vi utforskar den djupgående inverkan som mental hälsa har på alla aspekter av vår existens, vilket påverkar våra relationer, arbete och dagliga upplevelser. Genom att inse betydelsen av mental hälsa uppmuntras läsarna att se egenvård som en holistisk praxis som omfattar både fysiska och känslomässiga aspekter.

Dessutom syftar det här avsnittet till att ta bort alla kvardröjande stigma som är förknippade med psykisk ohälsa. Genom att främja en öppen och empatisk diskussion uppmuntras läsarna att erkänna sina egna och andras psykiska behov, vilket främjar en stödjande och förstående gemenskap. Kapitlet understryker att mental hälsa inte bara är frånvaron av psykisk ohälsa utan en aktiv strävan efter balans, motståndskraft och tillfredsställelse. Det övergripande budskapet är tydligt: att prioritera psykisk hälsa är ett proaktivt steg mot ett mer tillfredsställande och målmedvetet liv.

C. Syftet med boken

Syftet med "Unende Joy: 100 Ways to Prevent Sliding into Depression" är att fungera som ett vägledande ljus för individer som vill navigera i komplexiteten av mental hälsa, med ett specifikt fokus på att förebygga uppkomsten av depression. Det här kapitlet beskriver de centrala målen och intentionerna som formar bokens berättelse och inverkan på läsarna.

Boken strävar efter att stärka individer genom att tillhandahålla praktiska, handlingsbara strategier som sömlöst kan integreras i det dagliga livet. Den erkänner att mental hälsa är en dynamisk och pågående process, och målet är inte bara att förebygga depression utan också att odla varaktig glädje och motståndskraft. Genom att erbjuda en omfattande färdplan avser boken att utrusta läsarna med en mångsidig verktygslåda av insikter, verktyg och inspiration för att stärka deras mentala välbefinnande.

Det här kapitlet sätter tonen för en transformativ resa och försäkrar läsarna att de inte är ensamma i sin strävan efter mentalt välbefinnande. Det uppmuntrar ett proaktivt förhållningssätt till mental hälsa, inbjuder individer att aktivt engagera sig i materialet och tillämpa strategierna på sina unika omständigheter . Ytterst är syftet med den här boken att ingjuta hopp, uppmuntra till självreflektion och vägleda läsarna mot en framtid fylld av lycka, syfte och oändlig glädje.

Kapitel två

Förstå depression

I detta centrala kapitel av "Oändlig glädje: 100 sätt att förhindra att glida in i depression" gräver vi djupt ner i de invecklade lagren av depression och reder ut dess komplexitet för att främja en omfattande förståelse av detta vanliga psykiska hälsotillstånd.

A. Definition och typer av depression

Inom sfären av mental hälsa är depression ett komplext och mångfacetterat tillstånd som sträcker sig långt bortom den vardagliga förståelsen av tillfällig sorg. I det här avsnittet syftar vi till att ge en exakt definition av depression, och betonar dess kliniska natur som en ihållande och genomgripande humörstörning. Det är inte bara ett flyktigt känslomässigt tillstånd utan ett långvarigt och kraftfullt tillstånd som påverkar en individs tankar, känslor och beteenden.

För att underlätta en heltäckande förståelse utforskar vi olika typer av depression, var och en kännetecknad av distinkta egenskaper och diagnostiska kriterier:

1. Major Depressive Disorder (MDD): Ofta kallad klinisk depression, MDD kännetecknas av ihållande känslor av sorg, hopplöshet och brist på intresse eller nöje i aktiviteter. För att få diagnosen MDD måste dessa symtom vara närvarande i minst två veckor och avsevärt störa den dagliga funktionen.

2. Persistent depressiv sjukdom (PDD): Denna typ av depression involverar kroniska, långvariga symtom som varar i två år eller mer. PDD, tidigare känd som dystymi, kanske inte är lika intensiv som MDD, men dess varaktiga natur ställer unika utmaningar för individer som drabbas.

3. Bipolär sjukdom: Även om bipolär sjukdom skiljer sig från unipolär depression, inkluderar bipolär sjukdom depressiva episoder som kännetecknas av samma symtom. Dessa depressiva perioder växlar dock med maniska eller hypomana episoder, vilket bidrar till ett cykliskt mönster av humörsvängningar.

4. Seasonal Affective Disorder (SAD): kopplat till förändringar i årstider, särskilt minskad solljusexponering under vintern, manifesterar SAD som återkommande depressiva episoder. Symtom lindras vanligtvis med vårens ankomst eller ökad exponering för naturligt ljus .

5. Förlossningsdepression: Förlossningsdepression, som inträffar i efterdyningarna av förlossningen, påverkar nyblivna mammor och kännetecknas av känslor av extrem sorg, trötthet och irritabilitet. Det kräver omedelbar uppmärksamhet och stöd.

Genom att belysa dessa distinkta typer får läsarna ett robust perspektiv på depressionens olika manifestationer. Denna förståelse fungerar som en avgörande grund för den efterföljande utforskningen av förebyggande strategier och interventioner som diskuteras i senare kapitel.

B. Vanliga tecken och symtom

Att förstå depression kräver att man känner igen den mångfald av tecken och symtom som individer kan uppleva. Detta avsnitt syftar till att ge en heltäckande översikt och belysa både de känslomässiga och fysiska manifestationerna av depression.

1. **Ihållande sorg och hopplöshet :* *

Ett av de kännetecknande tecknen på depression är en bestående känsla av sorg och hopplöshet. Individer kan känna sig överväldigade av en genomgripande känsla av förtvivlan som kvarstår under större delen av dagen.

2. **Förlust av intresse eller nöje :* *

Depression berövar ofta individer förmågan att njuta av aktiviteter de en gång njöt av. Hobbyer, sociala interaktioner och tidigare glädjande upplevelser kan bli utan glädje.

3. **Förändringar i sömnmönster :* *

Störningar i sömnen är vanliga indikatorer på depression. Individer kan uppleva sömnlöshet, kämpar för att somna eller, omvänt, kan finna sig själva sova överdrivet, oförmögna att samla energi för att komma upp ur sängen.

4. **Trötthet och låg energi :* *

En genomgripande känsla av trötthet och låga energinivåer kännetecknar depression. Även att slutföra rutinuppgifter kan kännas som en oöverstiglig utmaning.

5. **Svårigheter att koncentrera sig :* *

Depression försämrar ofta den kognitiva funktionen, vilket gör det utmanande för individer att koncentrera sig, fatta beslut eller fokusera på uppgifter. Minnet tappar och obeslutsamhet blir märkbar.

6. **aptit och viktförändringar :* *

Betydande förändringar i aptit och vikt är vanliga. Vissa individer kan uppleva ett ökat sug och viktökning, medan andra kan tappa intresset för mat och se en anmärkningsvärd viktminskning.

7. **Känslor av värdelöshet eller skuld :* *

Individer som kämpar mot depression kan hysa intensiva känslor av värdelöshet eller skuld, ofta förvärrade av förvrängda självuppfattningar och negativa tankemönster.

8. **Fysiska symtom :* *

Fysiska symtom som huvudvärk, magvärk och annan oförklarlig värk och smärta kan manifestera sig tillsammans med de känslomässiga aspekterna av depression.

9. **Socialt uttag :* *

Depression kan leda till social isolering eftersom individer kan dra sig tillbaka från vänner och familj och finna det utmanande att engagera sig i sociala interaktioner.

10. **Självmordstankar :* *

I svåra fall kan individer med depression uppleva tankar på död eller självmord. Det är avgörande att söka hjälp omedelbart om sådana tankar dyker upp.

Genom att bekanta oss med dessa vanliga tecken och symtom kan vi bättre identifiera depression i dess tidiga skeden, vilket underlättar snabba ingripanden och stöd för individer som står inför denna psykiska utmaning.

C. Inverkan på det dagliga livet

Att förstå depressionens djupgående inverkan på det dagliga livet är avgörande för att förstå hela omfattningen av detta psykiska hälsotillstånd. Depression, med dess långtgående effekter, kan genomsyra olika aspekter av en individs tillvaro och avsevärt försämra deras förmåga att leva ett tillfredsställande och fungerande liv.

1. **Ansträngda relationer :* *

Depression kan belasta mellanmänskliga relationer, eftersom individer kan kämpa för att engagera sig känslomässigt eller behålla meningsfulla kontakter. Den ihållande sorgen och känslomässiga distansen kan skapa utmaningar i kommunikation och förståelse inom personliga och professionella relationer.

2. **Försämrad arbetsprestation :* *

De kognitiva och känslomässiga effekterna av depression sträcker sig ofta till arbetsplatsen, vilket leder till minskad produktivitet, koncentrationssvårigheter och en ökad sannolikhet för frånvaro. Förmågan att uppfylla professionella skyldigheter kan äventyras, vilket påverkar ens karriärbana.

3. **Störda sömnmönster :* *

Sömnstörningarna i samband med depression kan leda till kronisk trötthet, vilket påverkar ens förmåga att utföra dagliga sysslor effektivt. Koncentration, beslutsfattande och övergripande kognitiv funktion kan äventyras på grund av pågående sömnstörningar.

4. **Negativ inverkan på fysisk hälsa :* *

Depression är inte begränsad till mental hälsa; det kan också ha skadliga effekter på det fysiska välbefinnandet. Individer med depression kan vara mer mottagliga för olika hälsoproblem, inklusive kardiovaskulära problem och försvagat immunförsvar.

5. **Minskat intresse för aktiviteter :* *

Förlust av intresse och nöje, karaktäristiskt för depression, resulterar ofta i ett tillbakadragande från aktiviteter som en gång gav glädje. Hobbyer, sociala evenemang och personliga sysslor kan överges, vilket bidrar till en försämrad total livskvalitet.

6. **Påverkan på egenvård:**

Individer som brottas med depression kan tycka att det är utmanande att engagera sig i grundläggande egenvårdsaktiviteter. Att försumma personlig hygien, rätt kost och träning kan förvärra den fysiska och känslomässiga belastningen av depression.

7. **Finansiell påfrestning :* *

Depressionens inverkan på arbetsprestationer och förmågan att upprätthålla en stabil anställning kan leda till ekonomiska svårigheter. Arbetslöshet eller undersysselsättning kan bidra till ökade stressnivåer och ytterligare förvärra symptomen på depression.

8. **Självmordstankar och självskada:**

I svåra fall kan depression leda till tankar på självmord eller självskada. Dessa plågsamma och farliga manifestationer understryker vikten av att söka professionell hjälp och stöd.

Genom att inse hur depression kan infiltrera och störa olika aspekter av det dagliga livet, kan individer, såväl som deras stödnätverk, bättre inse vikten av tidiga insatser och omfattande behandlingsstrategier. De efterföljande kapitlen i den här boken kommer att utforska praktiska sätt att förebygga och lindra effekterna av depression, och främja en väg mot varaktigt välbefinnande och oändlig glädje.

När vi avslutar vår utforskning av depression, blir det uppenbart att förståelsen av det här mentala hälsotillståndet är grundläggande för att initiera effektiva förebyggande och interventionsstrategier. Depression är inte en unik upplevelse utan ett spektrum av känslor och utmaningar som avsevärt kan påverka en individs liv. Från ihållande sorg och förändringar i sömnmönster till ansträngda relationer och potentiella effekter på den fysiska hälsan, depressionseffekterna är långtgående. Att erkänna dessa aspekter är det första steget mot att främja empati och förståelse, både för de som upplever depression och för stödnätverken runt dem. När vi går framåt i "Unende Joy: 100 Ways to Prevent Sliding into Depression", skapar denna grundläggande förståelse scenen för praktiska och handlingsbara strategier som syftar till att mildra effekterna av depression och främja varaktigt mentalt välbefinnande. Resan mot oändlig glädje börjar med ett omfattande grepp om de utmaningar som depression innebär och ett engagemang för proaktiva och medkännande svar.

Kapitel tre

Bygga en stark grund

I det här centrala kapitlet av "Oändlig glädje: 100 sätt att förhindra att glida in i depression" ger vi oss ut på resan för att stärka en robust grund för mentalt välbefinnande. Att bygga en stark grund är avgörande för att skapa motståndskraft mot de utmaningar som livet kan innebära. Det här kapitlet utforskar nyckelpelare som bidrar till en stabil ram för psykisk hälsa, och betonar vikten av positiva vanor och stödjande relationer.

A. Att odla positiva vanor

I jakten på oändlig glädje och mental motståndskraft fungerar detta underavsnitt om att odla positiva vanor som en kompass som vägleder läsarna mot grundläggande metoder som djupt påverkar både fysiskt och mentalt välbefinnande. Det här avsnittet erkänner det intrikata samspelet mellan livsstilsval och mental hälsa och utforskar den transformativa kraften i att odla positiva vanor inom näring, träning och sömn. Från att ge kroppen näring med en balanserad kost till att utnyttja de humörhöjande fördelarna med regelbunden träning och prioritera återställande sömn, dessa vanor lägger grunden för ett motståndskraftigt och positivt tänkesätt. Det här kapitlet ger läsarna praktiska insikter och handlingskraftiga steg för att sömlöst väva in dessa vanor i deras dagliga liv, vilket främjar ett holistiskt förhållningssätt till mentalt välbefinnande och skapar förutsättningar för de kommande kapitlen.

1. **Hälsosam kost :* *

Sambandet mellan kost och mental hälsa är invecklat och djupgående. Vi fördjupar oss i vikten av att ge bränsle till kroppen med en balanserad och näringsrik kost, och betonar hur maten vi konsumerar avsevärt kan påverka vårt humör och övergripande välbefinnande. Näringsrika livsmedel, såsom frukt, grönsaker, fullkorn och magra proteiner, spelar en viktig roll för att stödja hjärnans funktion och upprätthålla ett stabilt känslomässigt tillstånd. Det här avsnittet ger praktiska tips för att införliva hälsosam mat i dagliga måltider, vilket ger läsarna möjlighet att göra välgrundade val som bidrar till både fysisk och mental hälsa.

Här är praktiska tips för att införliva nyttig mat i dagliga måltider:

a. **Planera balanserade måltider :* *

Börja med att planera välbalanserade måltider som inkluderar en mängd olika livsmedelsgrupper - frukt, grönsaker, fullkorn, magra proteiner och hälsosamma fetter. Detta säkerställer att din kropp får en mängd olika näringsämnen.

b. **Förbered frukt och grönsaker :* *

Tvätta, hacka och förbered frukt och grönsaker i förväg. Att ha dem lätt tillgängliga i ditt kylskåp gör det lättare att lägga dem till måltider, mellanmål eller som tillbehör.

c. **Välj fullkorn :* *

Välj fullkorn som brunt ris, quinoa, fullkornsvete och havre istället för raffinerade korn. Dessa spannmål ger mer fibrer och näringsämnen, vilket bidrar till en hälsosammare kost.

d. **Inkludera magra proteiner :* *

Inkludera magra proteinkällor som fågel, fisk, bönor, baljväxter, tofu och nötter i dina måltider. Dessa proteiner stöder muskelhälsa och hjälper dig att känna dig nöjd.

e. **Använd örter och kryddor :* *

Förbättra smaken på dina måltider med örter och kryddor istället för överdrivet salt eller socker. Färska örter som basilika, koriander och persilja kan ge en smakskur till olika rätter.

f. **Experimentera med växtbaserade måltider :* *

Utforska växtbaserade måltider genom att införliva mer frukt, grönsaker och växtbaserade proteiner i din kost. Detta kan ge variation och ytterligare hälsofördelar till dina måltider.

g . **Begränsa bearbetade livsmedel :* *

Minimera intaget av bearbetade och förpackade livsmedel, eftersom de ofta innehåller tillsatta sockerarter, ohälsosamma fetter och konserveringsmedel. Välj hela, minimalt bearbetade livsmedel när det är möjligt.

h. **Drick mycket vatten :* *

Håll dig hydrerad genom att dricka en tillräcklig mängd vatten under hela dagen. Vatten är viktigt för den allmänna hälsan och kan också hjälpa till att kontrollera aptiten.

i. **Medvetet ätande :* *

Öva uppmärksam ätande genom att njuta av varje tugga, vara uppmärksam på hunger och mättnadssignaler och undvika distraktioner som skärmar under måltiderna. Detta uppmuntrar till ett hälsosammare förhållande till mat.

j. **Utforska hälsosamma matlagningsmetoder :**

Välj hälsosamma tillagningsmetoder som att grilla, ånga, baka eller sautera istället för att steka. Dessa metoder behåller mer näringsämnen i maten.

k. **Inkludera hälsosamma mellanmål :**

Ha näringsrika mellanmål lätt tillgängliga, som uppskurna grönsaker med hummus, färsk frukt eller en handfull nötter. Detta hjälper till att förhindra ohälsosamt mellanmål på bearbetade livsmedel.

l. **Moderation är nyckeln :**

Njut av en mängd olika livsmedel med måtta. Tillåt dig själv att avnjuta dina favoritgodis då och då samtidigt som du bibehåller en övergripande balanserad och hälsosam kost.

Att införliva dessa praktiska tips i din dagliga rutin kan bidra till en närande och hälsosam kost, som främjar både fysiskt och mentalt välbefinnande.

2. ** Regelbunden träning :**

Fysisk aktivitet är en kraftfull allierad för att främja mentalt välbefinnande. Utöver dess fysiska fördelar har träning en transformativ inverkan på humörreglering och stressreducering. Vi utforskar olika träningsformer, från kardiovaskulära aktiviteter till styrketräning och medvetna träningar som yoga. Det här avsnittet uppmuntrar läsarna att hitta aktiviteter de tycker om, vilket gör regelbunden träning till en tillgänglig och njutbar del av deras rutin. Frisättningen av endorfiner under träning fungerar som en naturlig humörhöjare, vilket bidrar till en positiv syn och motståndskraft inför livets utmaningar.

Här är en lista över olika former av övningar som omfattar kardiovaskulära aktiviteter, styrketräning och medvetna övningar som yoga:

a. **Kardiovaskulära aktiviteter :* *

- Löpning eller jogging

– Cykling

- Simning

- Hopprep

- Dans

- Högintensiv intervallträning (HIIT)

- Aerobicklasser

- Rodd

- Kickboxning

b. **Styrketräning :* *

- Tyngdlyftning

- Kroppsviktsövningar (t.ex. armhävningar, knäböj, utfall)

- Motståndsbandsträning

- Kettlebell- övningar

- Medicinbollträning

- TRX Suspension Training

- Styrkelyft

- Crossfit

c. **Medvetna övningar :* *

- Yoga (olika stilar: Hatha, Vinyasa , Ashtanga , Kundalini)

- Pilates

- Tai Chi

- Qigong

- Mindful promenader eller löpning

- Body Scan Meditation

- Mindful Stretching

- Andningsarbete (Pranayama)

- Guidad meditation

d. **Flexibilitet och rörlighet :* *

- Stretchövningar

- Dynamisk stretching

- Pilates

- Yoga (särskilt Yin Yoga)

- Foam Rolling eller Self- Myofascial Release

e. **Fritidsaktiviteter :* *

- Vandring

- Kajakpaddling

- Bergsklättring

- Spela sport (t.ex. tennis, basket, fotboll)

- Trädgårdsarbete

- Äventyrsaktiviteter utomhus

f. **Lågeffektövningar :* *

- Att gå

- Simning

– Cykling

- Elliptisk träning

- Vattengympa

g. **Mind-Body Fusion :* *

- Barre träningspass

- Fusionsklasser (som kombinerar yoga, pilates och dans)

- BodyFlow (Kombinerar Tai Chi, Yoga och Pilates)

h . **Adaptiva eller specialiserade övningar :* *

- Stolsövningar (Lämplig för personer med rörelsehinder)

- Vattenterapi

- Adaptiv yoga eller pilates

- Sittande konditionsträning

Att välja en mängd olika övningar baserat på individuella preferenser och konditionsnivåer kan hjälpa till att skapa en väl avrundad träningsrutin som främjar allmän hälsa och mentalt välbefinnande.

3. **Tillräcklig sömn :* *

Kvalitetssömn är grunden för mental och emotionell motståndskraft. Detta avsnitt betonar sömnens avgörande roll i kognitiv funktion, emotionell reglering och övergripande vitalitet. Praktiska strategier för att förbättra sömnhygienen och etablera hälsosamma läggdagsrutiner utforskas. Från att skapa en lugnande sömnmiljö till att ställa in konsekventa sömnscheman, får läsarna insikter om hur man främjar återställande sömnvanor. Genom att erkänna det ömsesidiga förhållandet mellan sömn och mentalt välbefinnande, understryker detta avsnitt vikten av att prioritera tillräcklig och vilsam sömn för en robust grund.

Här är en lista med praktiska strategier för att förbättra sömnhygienen och upprätta hälsosamma läggdagsrutiner:

a. **Konsekvent sömnschema :* *

– Sikta på att gå och lägga dig och vakna vid samma tid varje dag, även på helgerna. Konsistens hjälper till att reglera din kropps inre klocka.

b. **Skapa en avkopplande sängdagsritual :* *

- Utveckla en lugnande rutin innan läggdags, som att läsa en bok, ta ett varmt bad eller träna mjuk stretching. Detta signalerar till din kropp att det är dags att varva ner.

c . **Begränsa exponeringen för skärmar :* *

- Minska exponeringen för elektroniska enheter med skärmar (telefoner, surfplattor, datorer) minst en timme före läggdags. Det blå ljuset som sänds ut kan störa produktionen av sömnhormonet melatonin.

d. **Optimera sömnmiljön : **

- Se till att ditt sovrum är gynnsamt för sömn genom att hålla det mörkt, tyst och svalt. Investera i bekväma sängkläder och kuddar för att förbättra din sömnmiljö.

e. **Kontrollera brus och ljus :* *

- Använd mörkläggningsgardiner för att blockera externt ljus, och överväg att använda vita brusmaskiner eller öronproppar för att minimera störande ljud.

f. **Medvetet ätande :* *

- Undvik tunga måltider, koffein och nikotin nära läggdags. Välj ett lätt, näringsrikt mellanmål om hungern slår till på kvällen.

g. **Etablera en läggdagsrutin :* *

- Utveckla en konsekvent rutin fram till läggdags. Detta kan inkludera aktiviteter som att borsta tänderna, dämpa belysningen och delta i avslappningstekniker.

h. ** Regelbunden träning :* *

- Aktivera regelbunden fysisk aktivitet, men försök att genomföra kraftig träning minst några timmar före sänggåendet. Träning främjar bättre sömn men kan vara stimulerande om den görs för nära läggdags.

i. **Begränsa tupplurar :* *

– Om du sover under dagen, håll den kort (20-30 minuter) och undvik tupplur sent på eftermiddagen.

j. **Hantera stress :* *

- Träna stressreducerande tekniker, såsom meditation, djupandning eller progressiv muskelavslappning, för att hjälpa till att lugna sinnet före sänggåendet.

k. **Begränsa vätskeintaget före sänggåendet :* *

- Minimera konsumtionen av vätskor på kvällen för att minska sannolikheten att vakna under natten för badrumsresor.

l. **Koppla säng med sömn :* *

- Använd din säng främst för sömn och intima aktiviteter. Undvik att arbeta eller titta på TV i sängen för att stärka sambandet mellan din säng och vilsam sömn.

m. **Få exponering för solljus under dagen :* *

- Exponering för naturligt ljus under dagen hjälper till att reglera din dygnsrytm, vilket gör det lättare att somna på natten.

Att införliva dessa praktiska strategier i din rutin kan bidra till förbättrad sömnhygien och etablera hälsosamma läggdagsvanor, främja vilsam och föryngrande sömn.

Att odla positiva vanor inom dessa nyckelområden – kost, träning och sömn – skapar ett holistiskt förhållningssätt till mentalt välbefinnande. Genom att införliva dessa metoder i det dagliga livet kan individer proaktivt förbättra sin fysiska och mentala motståndskraft och lägga grunden för att förhindra uppkomsten av depression. De efterföljande kapitlen kommer att bygga vidare på dessa grunder och erbjuda ytterligare strategier och insikter för att vägleda läsarna mot oändlig glädje och bestående mentalt välbefinnande.

B. Etablera stödjande relationer

På resan mot oändlig glädje och mental motståndskraft fungerar det här underavsnittet om att etablera stödjande relationer som en kompass som riktar läsarna mot den djupgående inverkan som kontakter med andra kan ha på mentalt välbefinnande. Genom att inse att relationer utgör grunden för vår sociala existens, utforskar detta avsnitt vikten av att bygga och vårda starka band med familj, vänner och samhället i stort. Från effektiv kommunikation och att sätta gränser till att söka professionell hjälp när det behövs, det här kapitlet går in i de mångfacetterade aspekterna av att skapa stödjande kontakter. Genom att främja en miljö av tillit, empati och ömsesidig förståelse kan individer väva ett robust nätverk av relationer som inte bara berikar deras liv utan också bidrar avsevärt till att förhindra glidningen till depression. De efterföljande kapitlen kommer att bygga vidare på denna grund och erbjuda ytterligare strategier och insikter för att vägleda läsare mot varaktig glädje och bestående mentalt välbefinnande genom meningsfulla kontakter.

1. **Familj och vänner :** *

Att bygga och vårda starka kontakter med familj och vänner är en hörnsten i mentalt välbefinnande. Dessa relationer ger ett viktigt stödsystem under både glädjefulla och utmanande tider. Regelbunden kommunikation, delade aktiviteter och känslomässig öppenhet bidrar till styrkan i dessa band. Att skapa en miljö där individer känner sig värderade, hörda och stöttade främjar en känsla av tillhörighet och trygghet.

2. **Sociala anslutningar :* *

Att expandera utanför de närmaste kretsarna är lika viktigt att främja sociala kontakter inom det bredare samhället. Att delta i sociala grupper, klubbar eller samhällsevenemang ger möjligheter att träffa nya människor och bygga ett mångsidigt nätverk av relationer. Dessa kontakter erbjuder olika perspektiv, gemensamma intressen och en känsla av gemenskap, vilket förstärker en känsla av anknytning.

3. **Söker professionell hjälp :* *

Att inse vikten av att söka professionellt stöd när det behövs är en viktig aspekt av att etablera stödjande relationer. Psykvårdspersonal, såsom terapeuter eller rådgivare, spelar en avgörande roll för att ge vägledning, insikt och hantera strategier. Att ta bort alla stigma förknippade med att söka professionell hjälp uppmuntrar individer att prioritera sitt psykiska välbefinnande och söka hjälp när de står inför utmaningar.

4. **Effektiv kommunikation :* *

Att odla stödjande relationer innebär effektiv kommunikation. Att vara öppen och ärlig om tankar och känslor främjar tillit och förståelse. Aktivt lyssnande, empati och tydlig kommunikation bidrar till styrkan i relationerna, vilket säkerställer att båda parter känner sig hörda och validerade.

5. **Sätta gränser :* *

Att etablera sunda gränser är nyckeln till att upprätthålla stödjande relationer. Att tydligt kommunicera personliga gränser och respektera andras gränser hjälper till att skapa en miljö av ömsesidig respekt. Detta bidrar i sin tur till en känsla av trygghet och trygghet i relationen.

6. **Kvalitetstid tillsammans :* *

Att spendera kvalitetstid med nära och kära stärker kontakter. Att engagera sig i delade aktiviteter, vare sig de är enkla eller utarbetade, skapar positiva minnen och förstärker vänskaps- och familjebanden. Att regelbundet ta ut tid för meningsfulla interaktioner hjälper till att upprätthålla starka, stödjande relationer.

7. **Uttrycka tacksamhet :* *

Att odla en vana att uttrycka tacksamhet inom relationer förbättrar den övergripande positiva atmosfären. Att erkänna och uppskatta andras bidrag främjar en känsla av ömsesidigt värde och förstärker anslutningens stödjande karaktär.

8. **Konfliktlösning :* *

Att inse att konflikter kan uppstå i alla relationer är det viktigt att lära sig sunda konfliktlösningsförmåga. Att ta itu med problem lugnt, lyssna aktivt och hitta kompromisser bidrar till livslängden och styrkan i stödjande relationer.

Genom att aktivt engagera sig i dessa metoder kan individer främja ett nätverk av stödjande relationer som fungerar som styrka under utmanande tider och förbättrar det övergripande mentala välbefinnandet. Känslan av anknytning och gemenskap som skapas genom dessa relationer bidrar väsentligt till att förhindra uppkomsten av depression och främja motståndskraft.

När vi avslutar utforskningen av Building a Strong Foundation, blir det uppenbart att odla positiva vanor och etablera stödjande relationer utgör grunden för mentalt välbefinnande. Det här kapitlet har lagt grunden för läsarna, och ger praktiska insikter om att införliva hälsosam mat, engagera sig i olika former av träning och främja kontakter med andra. Genom att anamma dessa vanor och relationer kan individer skapa en stabil grund som inte bara främjar fysisk hälsa utan också stärker mental motståndskraft. När vi går framåt i "Unende Joy: 100 Ways to Prevent Sliding into Depression", understryker betoningen av dessa grundläggande element den transformativa kraft de har för att förhindra uppkomsten av depression och bana väg mot ett liv fyllt av bestående glädje och välmående. varelse.

Kapitel fyra

Anslutning mellan sinne och kropp

I utforskningen av mentalt välbefinnande på sidorna av "Unende Joy: 100 Ways to Prevent Sliding into Depression", står kapitlet om Mind-Body Connection som en inkörsport till den djupgående integrationen av våra mentala och fysiska områden. Det här kapitlet fördjupar sig i det invecklade förhållandet mellan sinne och kropp, och erkänner deras oskiljaktiga samspel i att forma vår allmänna hälsa. Anslutningen sinne-kropp är en dynamisk kraft som inte bara påverkar våra känslomässiga och mentala tillstånd utan också spelar en avgörande roll i vår motståndskraft mot uppkomsten av depression. Genom medvetna övningar, positiva affirmationer, stresshanteringsstrategier och omfamningen av biofeedback-tekniker försöker detta kapitel ge läsarna praktiska verktyg för att stärka det invecklade bandet mellan sinne och kropp. Genom att förstå och vårda denna koppling, ger sig individer ut på en transformativ resa mot oändlig glädje och bestående mentalt välbefinnande.

A. Medvetna övningar

1. **Mindfulness Meditation :* *

Mindfulness-meditation, rotad i uråldriga kontemplativa traditioner, inbjuder individer att engagera sig i fokuserad medvetenhet om nuet. Genom guidad meditation eller självstyrd övning lär sig deltagarna att observera tankar och förnimmelser utan att döma, vilket odlar en ökad känsla av självmedvetenhet. Regelbunden mindfulness-meditation har förknippats med minskad stress, ångest och symtom på depression, vilket främjar en djupgående koppling mellan sinnet och kroppen.

2. **Yoga och Tai Chi :* *

Yoga och Tai Chi, som medvetna rörelseövningar, betonar integrationen av andning, rörelse och mentalt fokus. I yoga synkroniseras olika ställningar (asanas) med andning, vilket främjar flexibilitet och balans samtidigt som de uppmuntrar ett meditativt tillstånd. Tai Chi, med sina långsamma och avsiktliga rörelser, ökar mindfulness och kroppsmedvetenhet. Båda metoderna bidrar inte bara till fysiskt välbefinnande utan fungerar också som kraftfulla verktyg för att minska stress och odla en armonös koppling mellan kropp och själ.

3. **Body Scan-teknik :* *

Kroppsskanningstekniken innebär att man systematiskt riktar uppmärksamheten mot olika delar av kroppen, från topp till tå, för att medvetandegöra förnimmelser, spänningar och avslappning. Denna övning främjar en djup koppling mellan sinnet och kroppen, hjälper individer att bli anpassade till fysiska förnimmelser och känna igen områden av spänning. Regelbunden användning av kroppsskanningstekniken bidrar till avslappning, stressreducering och en förbättrad kropp-själ-relation.

Att engagera sig i dessa medvetna övningar tillåter individer att ta vara på nuet och främja en djupare koppling mellan sinnet och kroppen. När utövare utvecklar en större medvetenhet om sina tankar, känslor och fysiska förnimmelser, får de värdefulla verktyg för att hantera stress, förbättra det känslomässiga välbefinnandet och förhindra att de glider in i depression. De efterföljande avsnitten i det här kapitlet kommer att undersöka den transformativa potentialen hos positiva affirmationer, stresshanteringsstrategier och integrationen av kropp-sinne-teknologier i det dagliga livet.

B. Positiva affirmationer

1. **Självbekräftelsepraxis :* *

Att engagera sig i praxis för självbekräftelse innebär att medvetet fokusera på positiva uttalanden som stärker ens styrkor, värderingar och potential. Dessa affirmationer fungerar som kraftfulla verktyg för att omforma tankemönster och odla ett positivt tänkesätt. Genom att regelbundet bekräfta sin förmåga och sitt värde, stärker individer sin självkänsla och motståndskraft mot negativ påverkan.

2. **Visualiseringstekniker :* *

Visualiseringstekniker utnyttjar fantasin för att skapa positiva mentala bilder. Genom avsiktlig visualisering av önskade resultat och framgång, utnyttjar individer sinnets kreativa kraft. Denna process påverkar inte bara mentala tillstånd utan främjar också en känsla av egenmakt och optimism. Visualisering fungerar som en komplementär övning till positiva affirmationer, vilket förbättrar kontakten mellan sinne och kropp genom att anpassa tankar med positiva känslor.

Positiva affirmationer är inte bara upprepningar av ord; de är avsiktliga deklarationer som, när de omfamnas konsekvent, bidrar till ett tankesätt av självförstärkning och optimism. Genom att införliva dessa metoder i det dagliga livet stärker individer kontakten sinne-kropp, skapar en grund för motståndskraft och förhindrar uppkomsten av depression. De efterföljande avsnitten i det här kapitlet kommer ytterligare att utforska stresshanteringsstrategier och integrationen av biofeedback-teknologier, vilket erbjuder ytterligare verktyg för att vårda en harmonisk kropp-själ-relation.

C. Stresshanteringsstrategier

1. **Djupa andningsövningar :* *

Djupa andningsövningar är en grundläggande komponent i stresshantering och utnyttjar andningen för att framkalla en avslappningsrespons. Tekniker som diafragmatisk andning involverar långsamma, djupa inandningar och utandningar, vilket främjar en lugnande effekt på nervsystemet. Denna enkla men kraftfulla övning kan göras var som helst och ger ett omedelbart verktyg för att minska stress och förbättra kontakten mellan kropp och själ.

2. **Progressiv muskelavslappning (PMR):**

Progressive Muscle Relaxation (PMR) är en systematisk teknik som involverar spänning och efterföljande avslappning av olika muskelgrupper. Genom att avsiktligt släppa fysisk spänning främjar individer avslappning i hela kroppen och lindrar stress. Regelbunden utövande av PMR bidrar inte bara till fysisk avslappning utan också till mentalt välbefinnande, vilket förstärker kopplingen mellan sinne och kropp.

3. **Mindfulness-baserad stressreduktion (MBSR):**

Mindfulness-Based Stress Reduction (MBSR) är ett strukturerat program som kombinerar mindfulness-meditation och yoga för att odla medvetenhet och minska stress. Deltagarna lär sig att observera tankar och förnimmelser utan att döma, vilket främjar en icke-reaktiv medvetenhet om stressorer. MBSR har blivit allmänt erkänt för sin effektivitet i att hantera stress och förbättra den övergripande mentala motståndskraften.

4. **Natur och utomhusaktiviteter :* *

Att få kontakt med naturen och engagera sig i utomhusaktiviteter erbjuder terapeutiska fördelar för att minska stress. Oavsett om det är en naturvandring, vandring eller att spendera tid i grönområden, har exponering för naturen kopplats till lägre stressnivåer och förbättrat välbefinnande. Dessa aktiviteter ger en helhetsupplevelse som ger näring åt både sinnet och kroppen.

5. **Konstnärligt och kreativt uttryck :* *

Kreativa möjligheter som konst, musik eller skrivande fungerar som kraftfulla verktyg för stresshantering. Att engagera sig i konstnärliga uttryck tillåter individer att kanalisera känslor, uttrycka tankar och komma in i ett tillstånd av flöde, vilket främjar avkoppling och en känsla av prestation.

6. **Tidshantering och prioritering :* *

Att effektivt hantera tid och göra prioriteringar bidrar till att minska stressen. Att dela upp uppgifter i hanterbara steg, sätta realistiska mål och upprätthålla en balans mellan arbete och fritid hjälper individer att navigera utmaningar mer effektivt, vilket förhindrar ansamling av stressorer.

Att införliva dessa stresshanteringsstrategier i det dagliga livet förbättrar inte bara kontakten mellan kropp och själ utan ger också individer praktiska verktyg för att navigera i livets utmaningar. Det efterföljande avsnittet i detta kapitel kommer att utforska integrationen av biofeedback-tekniker, som erbjuder innovativa metoder för stresshantering och mentalt välbefinnande.

D. Biofeedback och Mind-Body Technologies

1. **Biofeedbackterapi :* *

Biofeedback är en terapeutisk teknik som använder elektronisk övervakning för att ge individer realtidsinformation om fysiologiska processer som hjärtfrekvens, muskelspänningar och hudtemperatur. Genom visuell eller auditiv feedback får individer medvetenhet och kontroll över dessa kroppsfunktioner, vilket underlättar avslappning och stresshantering. Biofeedback har visat sig vara effektiv vid olika tillstånd, inklusive ångeststörningar och kronisk smärta, vilket gör det till ett värdefullt verktyg för att främja kontakten mellan kropp och själ.

2. **Mind-Body Apps och Wearables :* *

Under teknikens tidevarv har många appar och wearables dykt upp för att stödja anslutningar mellan sinne och kropp. Dessa verktyg erbjuder guidade mindfulness-sessioner, andningsövningar och stressspårningsfunktioner. Användare kan enkelt komma åt dessa resurser, vilket gör det lättare att integrera sinne-kroppsövningar i det dagliga livet. Bärbara enheter, utrustade med sensorer, ger realtidsdata om vitala tecken, vilket ger individer möjlighet att övervaka och hantera sitt välbefinnande proaktivt.

3. **Virtual Reality (VR) för Mindfulness :** *

Virtual Reality har funnit sin plats för att främja mindfulness och stressreducering. VR-upplevelser designade för avkoppling och meditation fördjupar individer i fridfulla miljöer och erbjuder en multisensorisk resa för att förbättra kontakten mellan sinne och kropp. Dessa uppslukande upplevelser kan vara särskilt fördelaktiga för individer som söker innovativa metoder för stresshantering.

4. ** Neurofeedback :** *

Neurofeedback , även känd som EEG-biofeedback, innebär att övervaka hjärnvågsaktivitet och ge feedback för att hjälpa individer att lära sig att självreglera sin hjärnfunktion. Denna framväxande teknologi har visat sig lovande när det gäller att ta itu med tillstånd som ångest och uppmärksamhetsstörningar. Genom att främja självmedvetenhet om hjärnaktivitet, bidrar neurofeedback till en djupare förståelse av kopplingen mellan sinne och kropp.

5. **Hjärtfrekvensvariabilitet (HRV) träning :* *

Hjärtfrekvensvariabilitet, variationen i tid mellan hjärtslag, är en nyckelindikator på det autonoma nervsystemets flexibilitet. HRV-träning involverar övningar som förbättrar hjärtfrekvensvariationer, främjar anpassningsförmåga till stress. Verktyg och appar för biofeedback innehåller ofta HRV-träning, vilket ger användarna ett praktiskt tillvägagångssätt för att förbättra motståndskraften mot stress.

Genom att integrera biofeedback och kropp-självteknologier i välbefinnandemetoder får individer innovativa och personliga tillvägagångssätt för stresshantering. Genom att utnyttja realtidsdata och interaktiva upplevelser förbättrar dessa teknologier kontakten mellan sinne och kropp och ger individer möjlighet att ta en aktiv roll i deras mentala välbefinnande. När vi navigerar i hälsoteknologiernas framväxande landskap erbjuder dessa verktyg spännande möjligheter för att främja varaktig glädje och motståndskraft mot livets utmaningar.

När vi avslutar vår utforskning av Mind-Body Connection, blir det uppenbart att den harmoniska integrationen av mentalt och fysiskt välbefinnande är en kraftfull kraft för att förhindra uppkomsten av depression och främja bestående glädje. Det här kapitlet har fördjupat sig i mindful praxis, positiva affirmationer, stresshanteringsstrategier och den innovativa sfären av biofeedback och sinne-kroppsteknologier. Genom att anamma metoder som ökar självmedvetenheten, uppmuntrar positiva tankemönster och tillhandahåller verktyg för stresstålighet, kan individer vårda en djupgående koppling mellan sinne och kropp. När vi väver in dessa metoder i det dagliga livet, ger vi oss själva möjlighet att navigera i livets utmaningar med större lätthet och odla en motståndskraftig grund mot glidningen in i depression. Resan mot oändlig glädje fortsätter, berikad av den transformativa potentialen i sambandet mellan sinne och kropp och löftet om bestående mentalt välbefinnande. De efterföljande kapitlen kommer att bygga på dessa grunder och erbjuda ytterligare strategier och insikter för att vägleda läsarna mot en framtid fylld av glädje, motståndskraft och holistisk välbefinnande.

Kapitel fem

Positivt tänkande

I jakten på oändlig glädje och mental motståndskraft utspelar sig kapitlet om positivt tänkande som en ledstjärna av transformativ kraft inom "Unende Joy: 100 Ways to Prevent Sliding into Depression." Det här kapitlet utforskar den djupgående effekten av att odla positiva tankar och perspektiv på mentalt välbefinnande. Genom att förstå krångligheterna i positivt tänkande och införliva avsiktliga metoder i det dagliga livet, kan individer stärka sina sinnen mot uppkomsten av depression och bana väg för bestående glädje.

A. Kraften i positivt tänkande

Detta underavsnitt fördjupar sig i det transformativa inflytandet av att odla ett positivt tänkesätt på mental motståndskraft och uthållig glädje. Positivt tänkande går längre än bara optimism; det är en dynamisk kraft som formar uppfattningar, påverkar känslomässigt välbefinnande och fungerar som en ledstjärna för att förebygga depression. Genom avsiktliga övningar som kognitiv omstrukturering, tacksamhet och positiva bekräftelser, ger sig individer ut på en resa för att utnyttja den djupa kraften i sina tankar. När vi fördjupar oss i strategierna och insikterna i detta underkapitel, vägleds läsarna till att odla ett motståndskraftigt och optimistiskt tänkesätt som utgör en integrerad del av att förhindra glidningen till depression och främja oändlig glädje. De efterföljande avsnitten kommer att reda ut de praktiska tillämpningarna av positivt tänkande i det dagliga livet, visa dess transformativa potential för att övervinna utmaningar och vårda varaktigt mentalt välbefinnande.

1. **Kognitiv omstrukturering :** *

Kärnan i positivt tänkande ligger kognitiv omstrukturering – en avsiktlig process för att identifiera och utmana negativa tankemönster. Genom att bli medveten om negativt självprat eller pessimistiska tolkningar av situationer kan individer aktivt arbeta för att omformulera dessa tankar. Detta innebär att ersätta irrationella eller negativa föreställningar med mer balanserade och positiva. Med tiden blir kognitiv omstrukturering ett kraftfullt verktyg för att forma ett tankesätt som lutar mot optimism, motståndskraft och en konstruktiv syn på livet.

2. **Tacksamhetsövningar :* *

Tacksamhet är en kraftfull kraft som omdirigerar fokus mot de positiva aspekterna av livet. Tacksamhetsövningar innebär att man avsiktligt erkänner och uppskattar de goda sakerna, både stora och små. Att föra en tacksamhetsdagbok, där individer regelbundet skriver ner saker de är tacksamma för, främjar en vana att erkänna det positiva. Denna övning förskjuter inte bara tankesättet mot uppskattning utan bidrar också till en känsla av överflöd och tillfredsställelse, och fungerar som en buffert mot dragningen av depressiva tankar.

3. **Bekräftelser för positivitet :* *

Positiva affirmationer fungerar som avsiktliga förklaringar om positiva föreställningar om sig själv och sitt liv. Genom att upprepa affirmationer regelbundet förstärker individer positiva tankemönster och utmanar självbegränsande föreställningar. Bekräftelser kan skräddarsys för att ta itu med specifika problemområden eller för att förbättra allmänt välbefinnande. Dessa positiva uttalanden blir kraftfulla verktyg för att odla självförtroende, optimism och ett motståndskraftigt tänkesätt, vare sig det talas högt eller tyst bekräftat.

Det positiva tänkandets kraft, som inkapslad i dessa metoder, sträcker sig bortom bara optimism; det blir en dynamisk kraft som formar uppfattningar, påverkar känslor och lägger grunden för ett mer glädjefyllt och motståndskraftigt liv. När individer integrerar kognitiv omstrukturering, tacksamhetsmetoder och positiva bekräftelser i sina dagliga rutiner, utnyttjar de en källa av psykologisk styrka som stärker dem mot livets utmaningar. De efterföljande avsnitten i detta kapitel kommer att undersöka hur positivt tänkande integreras i det dagliga livet och ger individer möjlighet att övervinna utmaningar med ett optimistiskt perspektiv.

B. Positivt tänkande i det dagliga livet

Förutom att vara en filosofisk hållning, är positivt tänkande en dynamisk praxis invävd i vardagens upplevelser. Detta avsnitt fördjupar sig i de konkreta tillämpningarna av att odla ett positivt tänkesätt inom vår dagliga existens. Från medveten medvetenhet om tankar till att aktivt omge sig själv med positivitet och ingjuta optimistiska visualiseringar i målsättning, dessa metoder erbjuder handlingskraftiga insikter för läsare som vill integrera positivt tänkande sömlöst i sina liv. När vi påbörjar denna utforskning fungerar kapitlet som en vägledning och belyser hur positivt tänkande inte bara blir ett sinnestillstånd utan ett medvetet och transformativt tillvägagångssätt som förbättrar dagliga upplevelser, främjar motståndskraft och bidrar till ett liv fyllt av bestående glädje. De efterföljande avsnitten kommer att reda ut de praktiska tillämpningarna av positivt tänkande, och demonstrera dess transformativa potential i olika aspekter av vårt dagliga liv.

1. **Medveten medvetenhet om tankar :* *

Att ingjuta positivt tänkande i det dagliga livet börjar med medveten medvetenhet om tankar. Denna praktik innebär att observera sin inre dialog utan att döma, vilket gör att individer kan känna igen negativa eller självbegränsande tankar. Genom att medvetet omdirigera sinnet mot positiva och konstruktiva tankar, främjar individer en mental miljö som främjar glädje och välbefinnande. Medveten medvetenhet utgör hörnstenen i att integrera positivt tänkande sömlöst i väven av dagliga upplevelser.

2. **Att omge sig med positivitet :* *

Att aktivt välja positiva influenser i sin omgivning bidrar väsentligt till att bibehålla en optimistisk syn. Detta innebär att välja upplyftande media, delta i positiva samtal och odla relationer som främjar uppmuntran och stöd. Genom att kurera en positiv miljö förstärker individer sitt engagemang för positivt tänkande, skapar ett utrymme där optimism kan blomstra och negativitet får mindre utrymme att frodas.

3. **Målsättning och positiv visualisering :* *

Att sätta mål, tillsammans med positiv visualisering, driver individer mot en framtid fylld av mål och optimism. Att sätta upp tydliga och positiva mål ger en känsla av riktning och motivation. Att visualisera framgångsrika resultat förstärker denna effekt genom att engagera sinnet i en positiv repetition av prestationer. Denna praxis ökar inte bara motivationen utan förstärker också tron på att positiva ansträngningar leder till positiva resultat, vilket främjar ett optimistiskt tänkesätt på resan mot personliga ambitioner.

Positivt tänkande i det dagliga livet är inte ett passivt tillstånd utan ett aktivt engagemang i sina tankar och omgivning. Genom att införliva medveten medvetenhet, välja positiva influenser och anpassa personliga mål med optimistiska visualiseringar, lägger individer grunden för ett tankesätt som söker glädje och motståndskraft. De efterföljande avsnitten i detta kapitel kommer ytterligare att utforska hur positivt tänkande kan vara avgörande för att övervinna utmaningar, odla optimism i relationer och fungera som ett kraftfullt verktyg för att bygga motståndskraft inför motgångar.

C. Att övervinna utmaningar med positivitet

I livets komplexitet är utmaningar oundvikliga, men kapitlet om "Att övervinna utmaningar med positivitet" i "Unende Joy: 100 Ways to Prevent Sliding into Depression" belyser den transformativa kraften i ett positivt tänkesätt när man ställs inför motgångar. Utöver att bara navigera i svårigheter, utforskar detta underkapitel hur positivitet blir en katalysator för motståndskraft och tillväxt. Genom att omformulera bakslag som möjligheter till lärande, odla optimism i relationer och anamma utmaningar med ett tänkesätt rotat i hopp, kan individer förvandla hinder till språngbrädor mot varaktig glädje. Det här avsnittet fungerar som en praktisk guide, som ger insikter och strategier för att ge läsarna möjlighet att övervinna utmaningar med en positiv inställning, och främjar inte bara förmågan att uthärda utan att frodas mitt i livets oundvikliga prövningar. De efterföljande avsnitten kommer att fördjupa sig djupare i de praktiska tillämpningarna av positivt tänkande, och avslöja dess potential att forma en mer motståndskraftig och glad framtid.

1. **Resiliens inför motgångar :**

Positivitet blir en formidabel allierad i att bygga motståndskraft när man ställs inför livets utmaningar. Att odla ett optimistiskt tänkesätt tillåter individer att navigera i motgångar med en känsla av hopp och beslutsamhet. Istället för att se motgångar som oöverstigliga hinder, gör en positiv syn det möjligt för individer att närma sig utmaningar som möjligheter till tillväxt. Denna motståndskraft fungerar som en buffert mot den känslomässiga mängden svårigheter, och främjar förmågan att studsa tillbaka och hålla ut.

2. **Lära sig av motgångar :* *

Positivt tänkande omarbetar motgångar som stegbrädor snarare än stötestenar. Istället för att uppehålla sig vid misslyckanden eller besvikelse, anammar individer motgångar som värdefulla lärandeupplevelser. Denna förändring av tankesättet minimerar inte bara den känslomässiga effekten av utmaningar utan ger också individer möjlighet att dra lärdomar, förfina strategier och gå vidare med nyvunnen visdom och motståndskraft.

3. **Odla optimism i relationer :* *

Kraften i positivt tänkande sträcker sig till interpersonell dynamik, som formar hur individer navigerar i relationer. Genom att anta ett optimistiskt perspektiv bidrar individer till en positiv och stödjande atmosfär i relationer. Optimism främjar empati, uppmuntrar öppen kommunikation och gör det möjligt för individer att hitta konstruktiva lösningar under konflikter. Att odla optimism i relationer skapar en harmonisk miljö som gynnar alla inblandade parters välbefinnande.

Att övervinna utmaningar med positivitet handlar inte om att förneka existensen av svårigheter utan snarare om att möta dem med ett tankesätt som söker lösningar, tillväxt och potential för positiva resultat. Genom att odla motståndskraft inför motgångar, lära sig av motgångar och främja optimism i relationer, ger individer sina liv en känsla av syfte och styrka. Det här kapitlet om "Positivt tänkande" i "Uended Joy: 100 Ways to Prevent Sliding into Depression" fungerar som en guide för läsare som vill utnyttja den transformativa potentialen hos positivt tänkande, inte bara i frånvaro av utmaningar, utan just mitt ibland dem. De efterföljande avsnitten kommer att fortsätta att utforska hur positivt tänkande manifesterar sig i olika aspekter av livet, vilket ger individer möjlighet att skapa en ljusare och mer motståndskraftig framtid.

Genom att ta till sig principerna och metoderna som beskrivs i det här kapitlet ger sig läsarna ut på en resa för att utnyttja det positiva tänkandets transformativa kraft. De efterföljande kapitlen kommer att fortsätta att utforska handlingskraftiga strategier och insikter, som vägleder individer mot oändlig glädje och odling av ett motståndskraftigt och positivt tänkesätt inför livets utmaningar.

Kapitel sex

Dagliga övningar för mentalt välbefinnande

I jakten på bibehållet mentalt välbefinnande på sidorna av "Unende Joy: 100 Ways to Prevent Sliding into Depression", framträder kapitlet om dagliga rutiner för mentalt välbefinnande som en grundläggande guide. Det här avsnittet fördjupar sig i praktiska och tillgängliga vanor som, när de införlivas i det dagliga livet, bidrar till att odla uthållig glädje och motståndskraft mot de utmaningar som kan leda till depression.

A. Morgonritualer för en positiv start

Morgnar har en unik kraft att forma våra dagars bana, och det här avsnittet går in i avsiktliga metoder som främjar ett positivt tänkesätt redan från början. Från tacksamhetsjournal, som väver in trådar av uppskattning i våra tankar, till att odla en medveten morgonrutin som förvandlar rutinaktiviteter till ögonblick av närvaro och avsikt, dessa ritualer sätter scenen för en dag fylld av positivitet och motståndskraft. När vi påbörjar denna utforskning uppmanas läsarna att omfamna dessa morgonövningar som grundläggande element i strävan efter uthållig glädje och mentalt välbefinnande. De efterföljande avsnitten kommer ytterligare att avslöja den transformativa potentialen hos dessa ritualer under hela dagen, och erbjuder en omfattande guide för att ingjuta positivitet i det dagliga livet.

1. **Tacksamhetsjournalföring :* *

Att börja varje dag med tacksamhetsjournaler sätter en positiv ton som krusar genom de kommande timmarna. Att ta några ögonblick för att skriva ner saker man är tacksam för odlar ett tänkesätt av uppskattning. Oavsett om det är värmen från solljus, stöd från nära och kära eller personliga prestationer, skapar denna praxis en reservoar av positivitet som kan dras till under hela dagen.

2. **Mindfull morgonrutin :* *

Lyft rutinaktiviteter till medvetna ritualer. Att förvandla morgonuppgifter till ögonblick av fokuserad uppmärksamhet främjar en känsla av närvaro och lugn. Oavsett om det gäller att njuta av frukostens smaker, öva medveten andning medan du gör dig redo, eller sätta positiva avsikter för dagen, etablerar en medveten morgonrutin ett centrerat och optimistiskt tänkesätt redan från början.

Dessa morgonritualer fungerar som ankare, som grundar individer i ett positivt tänkesätt innan dagens krav utvecklas. Tacksamhetsjournalföring och medvetna morgonrutiner fyller inte bara de tidiga timmarna med positivitet utan lägger också grunden för bibehållen mental välbefinnande. När vi utforskar ytterligare dagliga metoder, blir denna grund en integrerad del för att förhindra glidningen till depression och främja varaktig glädje.

B. Under hela dagen: Medvetna ögonblick

När vi navigerar i de hektiska uppgifterna, inbjuder det här avsnittet oss att pausa avsiktligt och skapa fickor av mindfulness som resonerar under hela dagen. Från medvetna andningspauser som erbjuder fridfulla mellanspel mitt i kaos till positiva bekräftelseincheckningar som fungerar som stadiga ankare inför utmaningar, dessa medvetna ögonblick blir transformativa beröringspunkter . De är inte flyktiga pauser utan avsiktliga val för att ge våra liv lugn, fokus och positivitet. När vi fördjupar oss i utforskandet av dessa metoder uppmuntras läsarna att omfamna kraften i medvetna ögonblick – små men djupgående handlingar som bidrar till bibehållet mentalt välbefinnande och förebyggande av glidningen till depression. De efterföljande avsnitten kommer att fortsätta att avslöja de praktiska tillämpningarna av mindfulness under hela dagen, och belysa vägen mot varaktig glädje och motståndskraft.

1. **Medvetna andningspauser :* *

Mitt i vardagens liv och rörelse blir medvetna andningspauser en ledstjärna för lugn. Dessa avsiktliga pauser erbjuder en chans att återknyta kontakten med nuet. Oavsett om det är en serie djupa andetag vid skrivbordet, en medveten promenad eller en kort stund av medveten inandning och utandning, fungerar dessa pauser som jordande beröringspunkter som förankrar individer mitt i deras dagliga aktiviteter.

2. **Incheckningar med positiv bekräftelse :* *

Regelbundna incheckningar för positiv bekräftelse fungerar som kraftfulla påminnelser om ens styrkor och förmågor. Att ta ögonblick under dagen för att medvetet bekräfta positiva övertygelser motverkar självtvivel och främjar motståndskraft. Oavsett om de upprepas tyst eller djärvt, blir positiva affirmationer ankare som ger individer möjlighet att möta utmaningar med självförtroende och optimism.

Dessa medvetna ögonblick invävda i dagens tyg är mer än bara pauser; de är avsiktliga val för att odla en känsla av lugn, fokus och positivitet mitt i ebb och flöde av dagliga ansvarsområden. När vi utforskar mer i dagliga metoder för mental välbefinnande, blir dessa ögonblick integrerade komponenter i förebyggandet av depression och främjandet av varaktig glädje och motståndskraft.

C. Eftermiddagsförnyelse

Det här avsnittet erkänner vikten av föryngring på eftermiddagen, och introducerar metoder som blåser in vitalitet i timmarna som följer på morgonens liv. Från naturpauser som tillåter en kort gemenskap med naturen till medvetet övervägande av hydrering och näring, dessa metoder utgör en integrerad del av att upprätthålla mental välbefinnande. När vi utforskar nyanserna av eftermiddagens förnyelse uppmuntras läsarna att omfamna dessa avsiktliga ögonblick av egenvård, och inse deras omvälvande inverkan på motståndskraft och glädje. De efterföljande avsnitten kommer att gräva djupare in i dagliga metoder och avslöja ett omfattande tillvägagångssätt för att odla bestående mentalt välbefinnande.

1. **Naturens raster :* *

Mitt i dagens krav blir det att ta korta naturpauser på eftermiddagen en föryngrande praktik. Oavsett om du går ut för en rask promenad, hittar en lugn plats i en närliggande park eller bara tittar på naturen, ger dessa pauser en uppfriskande paus. Att få kontakt med naturen på eftermiddagen vitaliserar sinnet, minskar stress och bidrar till en allmän känsla av välbefinnande.

2. **Hydrering och näring :* *

Att prioritera hydrering och näring under eftermiddagstimmarna är avgörande för ett bibehållet mentalt välbefinnande. Uttorkning kan leda till trötthet och nedsatt kognitiv funktion, vilket påverkar humör och produktivitet. Att regelbundet konsumera närande måltider och hålla sig tillräckligt hydrerad stöder både fysisk och mental hälsa, vilket främjar hållbar energi och fokus under hela dagen.

Allt eftersom dagen fortskrider fungerar dessa metoder för eftermiddagsförnyelse som viktiga komponenter för att upprätthålla mentalt välbefinnande. Naturavbrott och uppmärksam uppmärksamhet på hydrering och näring blir avsiktliga val som bidrar till motståndskraft och förhindrar ansamling av stressfaktorer som kan leda till depressiva tendenser. De efterföljande avsnitten kommer att fortsätta att utforska dagliga metoder som främjar mentalt välbefinnande, och ger en omfattande guide för att navigera i livet med varaktig glädje och positivitet.

D. Kvällsträning för reflektion och avkoppling

När vi navigerar i skymningen introducerar det här avsnittet metoder som erbjuder en fristad för reflektion och avkoppling. Från den introspektiva trösten med reflekterande journalföring till den avsiktliga digitala detoxen innan läggdags, dessa kvällsritualer vägleder individer mot en fridfull övergång från dagens aktiviteter till vilsam vila. Det här underavsnittet uppmanar läsarna att omfamna dessa metoder som ankare som odlar mentalt välbefinnande, som främjar ett lugnt sinnestillstånd som inte bara förhindrar ansamling av stressfaktorer utan också bidrar till en mer glädjefull och motståndskraftig tillvaro. När vi börjar utforska kvällsövningarna kommer de efterföljande avsnitten att utveckla en holistisk guide för att odla bestående mentalt välbefinnande i hela vårt dagliga liv.

1. **Reflekterande journalföring :* *

Att engagera sig i reflekterande journalföring under kvällen erbjuder en fristad för introspektion. Denna övning innebär att du tar några ögonblick för att bearbeta tankar, känslor och upplevelser från dagen. Det ger en möjlighet att fira prestationer, erkänna utmaningar och sätta intentioner för personlig tillväxt. Reflekterande journalföring ökar självmedvetenheten, främjar en känsla av klarhet och avslutning som bidrar till ett lugnare sinnestillstånd.

2. **Digital Detox :* *

Att skapa en digital detoxrutin innan läggdags är avgörande för mental avslappning. Kvällstiderna är idealiska för att varva ner, och minskad skärmtid minimerar exponeringen för stimulerande innehåll som kan störa sömnmönster. Att etablera en gräns mellan digitala enheter och vilsamma aktiviteter, som att läsa en bok eller träna mjuka stretching, signalerar till hjärnan att det är dags att varva ner och förbereder kroppen för en återställande nattsömn.

När dagen går mot sitt slut blir dessa metoder för reflektion och avslappning viktiga komponenter för att främja mentalt välbefinnande. Reflekterande journalföring erbjuder ett utrymme för känslomässig bearbetning, medan en digital detox-rutin signalerar övergången från aktivitet till vila. Genom att införliva dessa kvällsmetoder skapar individer en uppfostrande miljö för sina sinnen, som stödjer en känsla av lugn och föryngring som bidrar till varaktig glädje. De efterföljande avsnitten kommer att fortsätta att utforska dagliga metoder och erbjuda insikter om hur man främjar mentalt välbefinnande i olika aspekter av livet.

E. Nattliga ritualer för vilsam sömn

Det här avsnittet inser sömnens djupgående inverkan på mentalt välbefinnande och introducerar metoder som är skräddarsydda för att leda individer in i en vilsam värld. Från avslappningstekniker som släpper dagens spänningar till den transformativa praktiken av tacksamhetsreflektion, dessa nattliga ritualer är inte bara förberedelser för sömn utan avsiktliga handlingar som främjar mentalt välbefinnande. När läsarna ger sig i kast med detta utforskande kommer de efterföljande avsnitten att belysa hur dessa ritualer bidrar till att förebygga depression och odla varaktig glädje, och bjuder in till en lugn nattsömn som blir en integrerad del av en motståndskraftig och glädjefylld tillvaro.

1. **Avslappningstekniker :* *

Att införliva avslappningstekniker i nattrutinen är avgörande för att förbereda sinne och kropp för vilsam sömn. Tekniker som djupandningsövningar, progressiv muskelavslappning eller mjuk stretching hjälper till att släppa på spänningar som ackumulerats under dagen. Genom att medvetet slappna av i kroppen banar individer vägen för en mer lugn övergång till sömn, vilket främjar den övergripande sömnkvaliteten.

2. **Tacksamhetsreflektion :* *

Att avsluta dagen med en tacksamhetsreflektion är en kraftfull övning som bidrar till ett positivt tänkesätt innan läggdags. Att uttrycka tacksamhet för positiva upplevelser och erkänna stunder av glädje odlar en känsla av belåtenhet. Denna praxis flyttar fokus bort från stressfaktorer, vilket främjar ett tänkesätt som bidrar till lugn sömn.

När natten utvecklas fungerar dessa nattliga ritualer som viktiga element för att främja vilsam sömn, en hörnsten i mentalt välbefinnande. Genom att avsiktligt införliva avslappningstekniker och tacksamhetsreflektion i kvällsrutinen skapar individer en gynnsam miljö för kvalitetssömn. De efterföljande avsnitten kommer att fortsätta att utforska dagliga metoder som främjar mentalt välbefinnande, och erbjuder omfattande insikter om att upprätthålla glädje och motståndskraft.

Genom att väva in dessa dagliga rutiner i ens rutin, kan individer skapa en livsstil som prioriterar mentalt välbefinnande. Den kollektiva effekten av dessa vanor bidrar till att förebygga depression och främjar varaktig glädje och motståndskraft. När vi utforskar den transformativa potentialen i dessa dagliga metoder, kommer de efterföljande kapitlen att bygga vidare på denna grund och erbjuda ytterligare strategier och insikter för att vägleda läsarna mot en framtid fylld av mentalt välbefinnande och oändlig glädje.

Kapitel sju

Vårda känslomässigt välbefinnande

I mixen av mentalt välbefinnande bildar känslomässigt välbefinnande en levande tråd, som vävs genom kapitlen i "Unende Joy: 100 Ways to Prevent Sliding into Depression." Det här kapitlet fördjupar sig i metoder och insikter som vägleder individer på en resa för att vårda emotionell motståndskraft och odla en harmonisk relation med sitt inre.

A. Känslomässig medvetenhet och uttryck

Det här avsnittet erkänner den emotionella intelligensens djupgående inverkan på mental motståndskraft och glädje. Genom att introducera metoder som medvetna känslomässiga incheckningar och uttrycksfullt skrivande, belyser kapitlet vägen till att odla känslomässig medvetenhet och ge ett konstruktivt utlopp för uttryck. När vi ger oss ut på den här resan uppmuntras läsarna att omfamna dessa metoder som viktiga trådar i väven av känslomässigt välbefinnande, som främjar inte bara självförståelse utan också ett motståndskraftigt svar på de ständigt föränderliga strömningarna av känslor. De efterföljande avsnitten kommer att fortsätta att reda ut strategier och insikter och vägleda individer mot uthållig känslomässig harmoni och oändlig glädje.

1. **Medvetna känslomässiga incheckningar :* *

Att börja resan mot känslomässigt välbefinnande innebär att man tränar uppmärksamma känslomässiga incheckningar. Att regelbundet pausa hela dagen för att observera och erkänna sina känslor utan att döma utgör grunden för emotionell intelligens. Denna medvetna medvetenhet tillåter individer att ansluta till nyanserna i sina känslor, vilket främjar en djupare förståelse av det känslomässiga landskapet. Genom att närma sig känslor med nyfikenhet och acceptans kan individer svara på dem på ett mer avsiktligt och konstruktivt sätt, vilket förhindrar uppbyggnaden av stressfaktorer som kan leda till depressiva tendenser.

2. **Expressivt skrivande :* *

Att omfamna den terapeutiska kraften hos uttrycksfullt skrivande blir en transformativ väg för känslomässiga uttryck. Genom hängivna ögonblick av skrivande, oavsett om det är i en privat dagbok eller kreativt utlopp, uttrycker individer sina tankar och känslor. Denna process fungerar som en sörjande frigörelse, som tillåter uttryck av komplexa känslor som kan vara utmanande att verbalisera. Expressivt skrivande underlättar inte bara känslomässig förståelse utan fungerar också som ett värdefullt verktyg för självreflektion och personlig utveckling.

Att odla känslomässig medvetenhet och ge uttrycksmöjligheter är avgörande för att förhindra undertryckande av känslor, en nyckelfaktor för att upprätthålla känslomässigt välbefinnande. Genom att engagera sig i medvetna känslomässiga incheckningar och uttrycksfullt skrivande lägger individer grunden för ett mer balanserat och motståndskraftigt känslotillstånd. När vi navigerar vidare in i strategier för känslomässigt välbefinnande, blir dessa metoder integrerade komponenter i jakten på oändlig glädje och mental motståndskraft.

B. Att odla positiva emotionella mönster

Det här avsnittet erkänner det transformativa inflytandet av avsiktliga metoder för att forma det känslomässiga landskapet. Genom att introducera tacksamhetsmetoder och positiva affirmationer, belyser kapitlet vägen till att främja positiva känslomönster som bidrar till motståndskraft och bestående glädje. När läsarna ger sig i kast med detta utforskande, uppmanas de att omfamna dessa metoder inte bara som bekräftelser utan som avsiktliga val som formar strukturen i ens känslomässiga reaktioner. De efterföljande avsnitten kommer att fortsätta att reda ut strategier och insikter, vilket ger en omfattande guide för att odla positiva känslomönster och stärka grunden för känslomässigt välbefinnande.

1. **Tacksamhetsövningar för emotionell motståndskraft :* *

Att ingjuta tacksamhetsmetoder i det dagliga livet blir en hörnsten i odlingen av positiva känslomönster. Att regelbundet erkänna och uttrycka tacksamhet för både de betydelsefulla och till synes vardagliga aspekterna av livet ger näring till ett positivt känslomässigt tillstånd. Denna praxis omdirigerar fokus från potentiella stressfaktorer till överflöd av positiva upplevelser, vilket främjar emotionell motståndskraft och en ökad känsla av välbefinnande.

2. **Positiva bekräftelser för känslomässigt välbefinnande:**

Att omfamna positiva affirmationer skräddarsydda för att vårda känslomässigt välbefinnande förvandlar den interna dialogen. Bekräftelser fokuserade på självmedkänsla, motståndskraft och känslomässig balans blir ledstjärnor under utmanande stunder. Genom att medvetet förstärka positiva föreställningar lägger individer grunden för ett tankesätt som främjar känslomässigt välbefinnande, vilket förhindrar uppkomsten av negativa tankemönster som kan bidra till depressiva tendenser.

Att odla positiva känslomönster involverar avsiktliga övningar som flyttar linsen genom vilken individer uppfattar och reagerar på livets upplevelser. Genom att införliva tacksamhetsmetoder och positiva bekräftelser i dagliga rutiner bygger individer en reservoar av känslomässig styrka som fungerar som en buffert mot de utmaningar som annars kan påverka mentalt välbefinnande. När vi går djupare in i strategier för att vårda känslomässigt välbefinnande, blir dessa metoder integrerade komponenter i strävan efter varaktig glädje och mental motståndskraft.

C. Bygga känslomässiga stödsystem

Det här underavsnittet erkänner betydelsen av robusta emotionella stödnätverk, både personliga och professionella, för att navigera i känslornas komplexa terräng. Genom att aktivt odla meningsfulla kontakter och inse värdet av att söka professionellt stöd när det behövs, stärker individer sina känslomässiga grunder. När vi påbörjar denna utforskning uppmuntras läsarna att se dessa metoder inte bara som vägar för att dela bördor utan som broar till glädje och bestående mentalt välbefinnande. De efterföljande avsnitten kommer att fortsätta att belysa strategier och insikter, och erbjuda en omfattande guide för att bygga emotionella stödsystem som bidrar till att förebygga depression och odla varaktig glädje.

1. **Odla meningsfulla kontakter :* *

Att aktivt odla meningsfulla kontakter utgör grunden för ett robust emotionellt stödsystem. Att vårda relationer som bygger på tillit, empati och öppen kommunikation skapar ett nätverk av stöd under både glädjefulla och utmanande tider. Att dela tankar och känslor med betrodda individer främjar en känsla av tillhörighet, minskar känslor av isolering och förbättrar det övergripande känslomässiga välbefinnandet.

2. **Söker professionell support :* *

Att inse värdet av att söka professionellt stöd när det behövs är en avgörande aspekt av att bygga ett omfattande känslomässigt stödsystem. Terapeuter, rådgivare och stödgrupper tillhandahåller strukturerade och konfidentiella miljöer där individer kan utforska och navigera i komplexa känslor. Professionell hjälp erbjuder skräddarsydda strategier, hanteringsmekanismer och insikter som bidrar till emotionell motståndskraft och mentalt välbefinnande.

Att bygga ett robust emotionellt stödsystem kräver både personliga kontakter och professionella resurser. Genom att aktivt odla meningsfulla relationer och inse vikten av att söka professionellt stöd när det behövs, skapar individer ett mångskiktat skyddsnät som stärker känslomässigt välbefinnande. När vi ytterligare utforskar strategier för att vårda emotionell motståndskraft, blir dessa metoder centrala element i förebyggandet av depression och strävan efter varaktig glädje.

D. Mind-Body-övningar för känslomässig harmoni

Genom att känna igen den intrikata dansen mellan sinne och kropp introducerar detta avsnitt medveten meditation och yoga som transformativa verktyg för att främja känslomässig balans. Genom att engagera sig i praktiker som harmoniserar mentalt och fysiskt välbefinnande, ger sig individer ut på en resa mot känslomässig harmoni. Dessa sinne-kroppsövningar erbjuder inte bara stunder av lugn utan fungerar också som ankare i jakten på varaktig glädje. När vi fördjupar oss i den här utforskningen uppmuntras läsarna att omfamna den sammankopplade naturen av deras välbefinnande, och erkänna den transformativa kraften som medveten meditation och yoga kan ge den intrikata väven av känslomässig motståndskraft. De efterföljande avsnitten kommer ytterligare att belysa de praktiska tillämpningarna av dessa sinne-kroppsövningar, och erbjuda insikter om deras potential att förebygga depression och vårda varaktigt mentalt välbefinnande.

1. **Meditation för känslomässig balans :* *

Integreringen av medveten meditation i dagliga rutiner blir ett kraftfullt verktyg för att främja känslomässig balans. Mindfulness-övningar innebär att förankra sinnet i nuet, så att individer kan observera sina tankar och känslor utan att döma. Denna avsiktliga medvetenhet främjar känslomässig reglering, vilket minskar inverkan av stressfaktorer på mentalt välbefinnande. Regelbundna mindfulness-meditationssessioner ger en fristad för känslomässig reflektion och hjälper individer att utveckla ett mer centrerat och motståndskraftigt förhållningssätt till sina känslor.

2. **Yoga för känslomässig frigörelse :* *

Att omfamna yoga som en kropp-själ-övning främjar inte bara fysiskt välbefinnande utan fungerar också som ett djupgående verktyg för känslomässig frigörelse. Genom en kombination av ställningar, andningsarbete och mindfulness, underlättar yoga frigörandet av känslomässiga spänningar lagrade i kroppen. Detta holistiska tillvägagångssätt bidrar till känslomässig harmoni genom att främja en känsla av lugn, självmedvetenhet och fysiskt välbefinnande.

Sinn-kropp-övningar erbjuder ett holistiskt förhållningssätt till känslomässigt välbefinnande genom att erkänna den invecklade kopplingen mellan sinnet och kroppen. Genom att införliva medveten meditation och yoga i det dagliga livet, engagerar individer sig i praktiker som inte bara stärker emotionell motståndskraft utan också bidrar till en harmonisk integration av de fysiska och mentala aspekterna av deras välbefinnande. När vi fortsätter att utforska strategier för att vårda känslomässig harmoni, förblir dessa metoder grundläggande element i strävan efter varaktig glädje och mental motståndskraft.

Att navigera i landskapet av känslomässigt välbefinnande är en integrerad del av att förhindra att glida in i depression och ge varaktig glädje. Genom att främja emotionell medvetenhet, odla positiva mönster, bygga stödsystem och engagera sig i sinne-kroppsövningar, ger sig individer in på en transformativ resa mot emotionell motståndskraft. När vi utforskar den rika tapeten av att vårda känslomässigt välbefinnande, kommer de efterföljande kapitlen att reda ut ytterligare strategier, vilket ger en omfattande guide för att upprätthålla mentalt välbefinnande och oändlig glädje.

Kapitel åtta

Bygga motståndskraft

I labyrinten av livets utmaningar står motståndskraften som en ledstjärna som vägleder individer genom motgångar och stärker det mentala välbefinnandet. Det här kapitlet om "Bygga motståndskraft" fungerar som en omfattande guide för att odla den styrka och anpassningsförmåga som behövs för att navigera i tillvarons vändningar.

A. Förstå motståndskraft

I livets intrikata dans av livets utmaningar utvecklas detta underavsnitt som en vägledande kompass, som ger insikter om motståndskraftens dynamiska natur. Långt ifrån att vara en statisk egenskap presenteras resiliens som en utvecklande process, en färdighet som individer aktivt kan odla och förfina. Vi inbjuder läsare att anamma ett tillväxttänke, och erkänna utmaningar inte som oöverstigliga barriärer utan som möjligheter till personlig och psykologisk tillväxt. Genom att förstå motståndskraft som en dynamisk kraft, bemyndigas individer att navigera i livets komplexitet med anpassningsförmåga och styrka. När vi fördjupar oss i utforskningen av motståndskraft kommer de efterföljande avsnitten ytterligare att avslöja praktiska strategier och övningar, vilket ger en färdplan för att bygga och upprätthålla motståndskraft i jakten på oändlig glädje och mentalt välbefinnande.

1. **Resiliens som en dynamisk process :**

Resiliens, snarare än att vara en fast egenskap, är en dynamisk och utvecklande process. Det går utöver förmågan att uthärda svårigheter; det innebär att anpassa sig, lära sig och studsa tillbaka från livets utmaningar. Att förstå motståndskraft som en dynamisk process erkänner att individer aktivt kan odla och stärka sin förmåga att navigera i motgångar. Detta perspektiv ger individer möjlighet att se motståndskraft inte som en inneboende egenskap utan som en färdighet som kan utvecklas och finslipas under hela livet.

2. **The roll of mindset in resilience :* *

Centralt för att bygga motståndskraft är tankesättets roll, med särskild tonvikt på att anta ett tillväxttänkesätt. Ett tillväxttänk ser utmaningar som möjligheter till personlig och psykologisk tillväxt snarare än oöverstigliga hinder. Att anamma detta tänkesätt är grundläggande för motståndskraft, eftersom det främjar en tro på ens förmåga att lära sig, anpassa sig och utveckla motståndskraft inför motgångar. Genom att förstå tankesättets centrala roll i resiliens kan individer proaktivt odla en mental ram som uppmuntrar uthållighet och motståndskraft inför livets osäkerheter.

B. Utveckla resiliensfärdigheter

I den invecklade tapeten av att navigera i livets utmaningar, utvecklas detta underkapitel om "Utveckla motståndskraftiga färdigheter" som en transformativ guide till proaktiv egenmakt. Resiliens, som ofta ses som en medfödd egenskap, presenteras här som en uppsättning färdigheter som kan odlas medvetet. Det här avsnittet fördjupar sig i konsten att omfamna förändring och osäkerhet, och uppmuntra individer att se utmaningar som möjligheter till tillväxt. Det belyser också vikten av att finslipa problemlösnings- och beslutsförmåga, vilket ger läsarna möjlighet att möta hinder med självförtroende. När vi påbörjar denna utforskning kommer de efterföljande avsnitten att fortsätta att avslöja praktiska strategier och övningar, vilket ger läsarna verktygen för att aktivt bygga motståndskraft och främja ett liv med varaktig glädje och mentalt välbefinnande.

1. **Omfamna förändring och osäkerhet :* *

Att odla motståndskraft innebär att utveckla förmågan att omfamna förändring och osäkerhet. Motståndskraftiga individer ser inte dessa element som hot utan som inneboende aspekter av livet. De anpassar sig till nya omständigheter, navigerar genom osäkerheter och finner styrka i sin flexibilitet. Strategier för att utveckla motståndskraft inför förändring inkluderar att odla ett positivt tänkesätt mot det okända och att främja anpassningsförmåga som en grundläggande livsfärdighet.

2. **Problemlösning och beslutsfattande:**

Att bygga motståndskraft kräver finslipning av effektiva problemlösnings- och beslutsfärdigheter. Resilienta individer tar sig an utmaningar med ett proaktivt tänkesätt, bryter ner problem i hanterbara komponenter och utvecklar systematiska lösningar.

Genom att odla dessa färdigheter ger individer sig själva i stånd att möta hinder med självförtroende, vilket förvandlar motgångar till en möjlighet till tillväxt.

Att utveckla motståndskraftiga färdigheter är en proaktiv och stärkande strävan som utrustar individer att navigera i livets utmaningar med motståndskraft och mod. Att omfamna förändring, odla anpassningsförmåga och förfina problemlösningsförmåga är nyckelaspekter av denna resa. När vi utforskar ytterligare strategier för att bygga motståndskraft, blir dessa färdigheter viktiga byggstenar för att förebygga depression och odla uthållig glädje och mentalt välbefinnande.

Nedan finns några strategier och övningar du kan använda för att utveckla motståndskraft

a. **Positivt självprat:**

Odla positivt självprat genom att utmana negativa tankar och omforma dem i ett mer optimistiskt ljus. Bekräftelser och positiva uttalanden bidrar till ett motståndskraftigt tänkesätt, vilket främjar en tro på ens förmåga att övervinna utmaningar.

b. **Mindfulness Meditation :**

Delta i mindfulness-meditation för att bygga emotionell motståndskraft. Mindfulness-övningar främjar medvetenhet om nuet, minskar stress och förbättrar förmågan att svara på utmaningar med ett lugnt och centrerat tänkesätt.

c . **Sätt upp realistiska mål :* *

Dela upp större mål i mindre, genomförbara steg. Att sätta realistiska mål ger en känsla av prestation och framsteg, vilket bidrar till en motståndskraftig syn på utmaningar.

d. **Lär av motgångar : **

Reflektera över tidigare utmaningar och motgångar, fokusera på lärdomarna snarare än att uppehålla sig vid svårigheterna. Att utvinna visdom från motgångar bidrar till ett tillväxttänkande och motståndskraft inför framtida utmaningar.

e. **Underhåll sociala kontakter :* *

Vårda stödjande relationer med vänner, familj och gemenskap. Sociala kontakter ger ett värdefullt nätverk av stöd under svåra tider, vilket bidrar till både emotionell och social motståndskraft.

f. **Öva tacksamhet :* *

Uttryck regelbundet tacksamhet för positiva aspekter av livet, främja en positiv syn. Tacksamhetsmetoder bidrar till känslomässigt välbefinnande och motståndskraft genom att flytta fokus från utmaningar till överflöd av positiva upplevelser.

g. **Motion :* *

Delta i regelbunden fysisk aktivitet, eftersom träning har kopplats till förbättrat humör och minskad stress. Fysiskt välbefinnande bidrar till övergripande motståndskraft i att möta livets utmaningar.

h. **Utveckla problemlösningsförmåga :* *

Finslipa problemlösningsförmågan genom att dela upp utmaningar i hanterbara komponenter. Utveckla systematiska tillvägagångssätt för att ta itu med problem, ge sig själv befogenhet att navigera hinder med självförtroende.

jag . ** Odla flexibilitet :* *

Omfamna förändring och osäkerhet som möjligheter till tillväxt. Odla anpassningsförmåga genom att inse att livet är dynamiskt och att utveckla flexibilitet bidrar till motståndskraft inför oförutsedda omständigheter.

j. **Sök professionell support :* *

Vid behov, sök vägledning från psykiatriker. Terapi och rådgivning ger ett strukturerat och konfidentiellt utrymme för att navigera i utmaningar och utveckla copingstrategier, vilket främjar emotionell motståndskraft.

k. **Reflekterande journalföring :* *

Delta i reflekterande journalföring för att bearbeta tankar och känslor. Att skriva om upplevelser främjar självmedvetenhet och känslomässiga uttryck, vilket bidrar till motståndskraft.

l. **Själv-kroppsövningar :* *

Införliva sinne-kroppsövningar som yoga och djupandningsövningar. Dessa metoder förbättrar känslomässig reglering, minskar stress och bidrar till övergripande motståndskraft.

Att använda dessa strategier och övningar bidrar till utvecklingen av motståndskraft, vilket ger individer möjlighet att möta livets utmaningar med styrka, anpassningsförmåga och en positiv syn.

C. Främjande av emotionell motståndskraft

I symfonin om att bygga motståndskraft framstår det här avsnittet om "Fostering Emotional Resilience" som en gripande melodi, som lyfter fram betydelsen av att bemästra känslornas ebb och flöde. Det här avsnittet fördjupar sig i konsten att odla emotionell motståndskraft och inser att verklig styrka inte ligger i att undvika känslor utan i att skickligt navigera och svara på dem. Genom att utforska tekniker för känslomässig reglering och den transformativa kraften i att odla optimism, uppmanas läsarna att skapa ett motståndskraftigt tänkesätt som fungerar som ett stadigt ankare mitt i livets utmaningar.

1. **Känslomässiga regleringstekniker :* *

Att utveckla emotionell motståndskraft innebär att bemästra tekniker för emotionell reglering. Övningar som mindfulness-meditation, djupandningsövningar och progressiv muskelavslappning gör det möjligt för individer att navigera och hantera intensiva känslor effektivt. Dessa tekniker ger en verktygslåda för att bemöta stressfaktorer med lugn och bibehålla känslomässig balans under utmanande tider.

2. **Odla optimism :* *

Kärnan i emotionell motståndskraft är odlingen av optimism – ett tänkesätt som ser utmaningar som tillfälliga och överkomliga. Att främja optimism innebär att medvetet flytta fokus från negativa aspekter till positiva möjligheter. Genom att anamma ett hoppfullt synsätt bygger individer en grund för känslomässig styrka, så att de kan klara av motgångar och motgångar med ett positivt tänkesätt.

Emotionell motståndskraft handlar inte om att undvika eller undertrycka känslor utan om att utveckla förmågan att navigera och svara konstruktivt på dem. Genom att utöva emotionella regleringstekniker och odla optimism kan individer främja emotionell motståndskraft som fungerar som en robust buffert mot livets oundvikliga upp- och nedgångar. När vi utforskar strategier för att bygga motståndskraft, blir känslomässigt välbefinnande en hörnsten i strävan efter uthållig glädje och mental motståndskraft.

D. Att vårda social motståndskraft

Mitt i livets svängningar är det viktigt att inse relationernas djupgående inverkan på mentalt välbefinnande. Det här avsnittet erkänner att verklig motståndskraft sträcker sig bortom individuell styrka till den sammankopplade strukturen av socialt stöd. Genom att fördjupa sig i konsten att bygga stödjande relationer och finslipa effektiva kommunikationsförmåga, uppmanas läsarna att förstå den transformerande kraften i ett motståndskraftigt socialt nätverk. Genom att inse betydelsen av sociala förbindelser blir denna utforskning en hörnsten i strävan efter uthållig glädje och mental motståndskraft. När vi ger oss ut på denna resa kommer efterföljande avsnitt att avslöja praktiska strategier och övningar, som ger individer möjlighet att aktivt vårda social motståndskraft och stärka grunden för ett blomstrande och motståndskraftigt liv.

1. **Bygga stödjande relationer :* *

Hörnstenen i social resiliens ligger i att bygga och upprätthålla stödjande relationer. Att odla kontakter med vänner, familj och gemenskap skapar ett robust nätverk av känslomässigt stöd. Under utmanande tider ger ett pålitligt stödsystem ett säkert utrymme för att dela bördor, ta emot empati och få värdefulla perspektiv, vilket bidrar till social motståndskraft.

2. **Effektiva kommunikationsfärdigheter :* *

Att utveckla effektiva kommunikationsförmåga är avgörande för att främja social motståndskraft. Förmågan att uttrycka sig tydligt, lyssna empatiskt och navigera i interpersonell dynamik främjar starka och sunda kontakter. Effektiv kommunikation bidrar till att bygga upp förtroende och förståelse inom relationer, vilket ökar den övergripande motståndskraften hos ens sociala stödsystem.

Att vårda social resiliens innebär att erkänna välbefinnandets sammanlänkning och relationernas inverkan på mental hälsa. Genom att aktivt bygga och upprätthålla stödjande kontakter, och finslipa effektiva kommunikationsförmåga, bidrar individer till en motståndskraftig social miljö som blir en kraftfull tillgång för att navigera livets utmaningar. När vi fördjupar oss i strategier för att bygga motståndskraft, framträder den sociala dimensionen som en viktig komponent i förebyggande av depression och odling av bestående glädje och mentalt välbefinnande.

När vi avslutar denna utforskning av "Bygga motståndskraft", blir det uppenbart att motståndskraft inte är en passiv egenskap utan en dynamisk uppsättning färdigheter och perspektiv som kan odlas medvetet. Genom att omfamna förändring, utveckla problemlösningsförmåga och vårda emotionell och social motståndskraft, lägger individer grunden för uthållig glädje och mentalt välbefinnande. Resan för att bygga motståndskraft är en omvälvande sådan, som ger individer möjlighet att inte bara uthärda utmaningar utan att lära sig, anpassa sig och frodas inför motgångar. När vi för dessa insikter vidare kommer de efterföljande avsnitten att fortsätta att avslöja praktiska strategier och övningar, och erbjuda en holistisk guide för att förhindra glidningen till depression och främja en motståndskraftig och glädjefylld tillvaro.

Kapitel nio

Att främja en känsla av syfte

I den invecklade klippan av mentalt välbefinnande framträder en djup känsla av syfte som en vägledande kraft som ger livet mening och motståndskraft. Det här kapitlet om "Fostering a Sense of Purpose" fungerar som en kompass som vägleder individer mot en tillfredsställande och målstyrd tillvaro.

A. Förstå syfte

Det här avsnittet utforskar syftets essens, och erkänner det som mer än bara en strävan utan en transformativ kraft som formar vår existens. Att förstå syftet innebär en djupdykning i personliga värderingar, passioner och strävanden, och väver dem till en meningsfull berättelse som styr vår resa. När vi påbörjar denna utforskning uppmanas läsarna att inse syftets djupgående inverkan på mentalt välbefinnande, vilket skapar förutsättningar för att odla ett måldrivet liv som överskrider dagliga utmaningar och främjar bestående glädje. De efterföljande avsnitten kommer att reda ut praktiska strategier och övningar, och erbjuda insikter i att identifiera och odla en känsla av syfte i jakten på mental motståndskraft och oändlig glädje.

1. **Syftets väsen :* *

I hjärtat av att främja en känsla av syfte ligger erkännandet av att syftet är den vägledande kraft som genomsyrar livet med betydelse och riktning. Det går utöver den dagliga rutinen, och utnyttjar en djupare förståelse för varför vi gör som vi gör. Syftet kapslar in de kärnvärden, passioner och strävanden som resonerar hos en individ och formar en berättelse som sträcker sig bortom jaget. Att förstå syftets essens innebär att erkänna dess transformativa kraft att ge varje ögonblick mening och ge en kompass för att navigera i livets komplexitet.

2. **Inverkan på mentalt välbefinnande:**

Utforska syftets djupgående inverkan på mentalt välbefinnande, och erkänn det som en hörnsten för motståndskraft och tillfredsställelse. Studier har genomgående visat att individer med en stark känsla av syfte upplever fördelar som sträcker sig från ökat psykiskt välbefinnande till bättre fysisk hälsa. Syfte ger en ram för att navigera i utmaningar, erbjuder en känsla av riktning och motivation som bidrar till ett mer positivt och tillfredsställande liv. Att förstå denna påverkan blir avgörande för att främja ett målstyrt tänkesätt, lägga grunden för mental motståndskraft och oändlig glädje.

B. Identifiera personligt syfte

Det här avsnittet inser att syftets essens ligger i den unika strukturen av individuella värderingar, passioner och styrkor. Genom reflekterande övningar och bedömningar kan läsarna inleda en process för att avslöja de element som resonerar i deras innersta och forma en känsla av syfte som överskrider det vanliga. Att identifiera personliga syften blir en kompass för att navigera i livets komplexitet, och erbjuda en färdplan till en mer tillfredsställande och målstyrd tillvaro. När vi går vidare i denna utforskning kommer de efterföljande avsnitten att belysa praktiska strategier och insikter, vilket ger ett holistiskt tillvägagångssätt för att inte bara upptäcka utan aktivt odla en känsla av syfte för uthållig glädje och mental motståndskraft.

1. **Reflekterande övningar :* *

Att engagera sig i reflekterande övningar är ett grundläggande steg i resan för att identifiera personliga syften. Dessa övningar leder till introspektion och självupptäckt, och uppmuntrar individer att fördjupa sig i sina kärnvärden, passioner och längtan. Genom att fundera på frågor om vad som ger en känsla av tillfredsställelse, vilka aktiviteter som väcker passion och vilka värderingar som är av största vikt, får individer klarhet i de element som ger deras liv mening.

2. **Utvärdering av styrkor och färdigheter :* *

Att genomföra en styrka och kompetensbedömning är ett praktiskt tillvägagångssätt för att erkänna personliga förmågor som är i linje med ens känsla av syfte. Genom att identifiera och erkänna individuella styrkor får individer insikt i de unika egenskaper de besitter. Att förstå dessa styrkor ger en färdplan för att anpassa dem till meningsfulla sysselsättningar, skapa ett målstyrt liv som utnyttjar personliga färdigheter och talanger.

Att identifiera personligt syfte är en pågående process som involverar en djup utforskning av ens inre landskap. Genom reflekterande övningar och bedömningar avslöjar individer inte bara trådarna som väver deras känsla av syfte utan får också verktygen för att aktivt anpassa sina liv till dessa vägledande principer. När vi reser vidare kommer de efterföljande avsnitten att belysa sätt att odla och integrera syften i det dagliga livet, vilket främjar en motståndskraftig och tillfredsställande tillvaro.

C. Att odla syfte i det dagliga livet

Det här avsnittet inser att syftet inte är ett avlägset mål utan en daglig praktik, invävd i strukturen av våra rutiner och val. Genom att fördjupa sig i avsiktlig målsättning, skapa personliga uppdragsbeskrivningar och anpassa dagliga uppgifter med övergripande syfte, bjuds läsarna in på en resa av självupptäckt och medvetet liv.

1. **Sätt upp meningsfulla mål :* *

Att fastställa meningsfulla mål ger en tydlig färdplan för att ge det dagliga livet ett syfte. Dessa mål bör resonera med dina kärnvärden och ambitioner, och fungera som ledstjärnor som styr dina handlingar och beslut.

2. **Skapa en personlig uppdragsbeskrivning :* *

Att skapa ett personligt uppdrag fungerar som ett grundläggande steg i att odla syfte. Detta uttalande kapslar in dina värderingar, passioner och långsiktiga mål och ger en kortfattad påminnelse om vad som driver dig och vad du siktar på att uppnå.

3. **Anpassa dagliga uppgifter med syfte :* *

Ingjuta mål i din dagliga rutin genom att anpassa uppgifterna till dina övergripande mål. Oavsett om det är på jobbet eller i personliga aktiviteter, koppla medvetet varje uppgift till den bredare berättelsen om ditt syfte, skapa en känsla av sammanhållning och mening.

4. **Prioritera aktiviteter som ger uppfyllelse :* *

Prioritera aktiviteter som är i linje med ditt syfte och ger en känsla av tillfredsställelse. Genom att medvetet välja upplevelser som resonerar med dina värderingar, förbättrar du den övergripande kvaliteten på ditt dagliga liv.

5. **Odla mindfulness :* *

Att odla mindfulness är nyckeln till att integrera syfte i det dagliga livet. Att vara närvarande i nuet gör att du kan inse betydelsen av varje uppgift och beslut i samband med ditt större syfte, vilket främjar en djupare koppling till dina mål.

6. **Skapa målmedvetna vanor :* *

Utveckla vanor som återspeglar och förstärker din känsla av syfte. Konsekventa, målstyrda vanor skapar en struktur som konsekvent förstärker ditt engagemang för ett meningsfullt och tillfredsställande liv.

7. **Respektera och reflektera regelbundet :* *

Schemalägg stunder av reflektion för att regelbundet granska dina mål, bedöma dina framsteg och bekräfta din känsla av syfte. Denna pågående granskning håller ditt syfte i framkant av ditt medvetande, och säkerställer att dina dagliga handlingar överensstämmer med din övergripande vision.

8. ** Engagera dig i livslångt lärande :* *

Omfamna ett tänkesätt av kontinuerligt lärande och tillväxt. Sök möjligheter till utbildning och personlig utveckling som är i linje med ditt syfte, berikar din förståelse och breddar ditt perspektiv.

9. **Omge dig med målmedvetna influenser :* *

Kurera din sociala miljö och mediemiljö för att inkludera influenser som resonerar med din känsla av syfte. Positiva influenser förstärker ditt engagemang för ett målmedvetet liv och ger inspiration längs din resa.

10. **Öva tacksamhet :* *

Öva regelbundet tacksamhet för de delar av ditt liv som är i linje med ditt syfte. Tacksamhetsmetoder fördjupar din uppskattning för de meningsfulla aspekterna av den dagliga tillvaron, vilket förstärker ditt engagemang för ett målmedvetet liv.

11. **Volontär eller bidra :* *

Engagera dig aktivt i aktiviteter som låter dig bidra till ändamål eller samhällen som är anpassade till ditt syfte. Servicehandlingar förstärker effekten av ditt syfte, inte bara på ditt liv utan på den bredare världen.

12. **Skapa en målmedveten miljö :* *

Designa ditt fysiska utrymme för att återspegla din känsla av syfte. Att omge dig med påminnelser om dina mål och värderingar, oavsett om det är genom visuella eller symboliska föremål, skapar en miljö som förstärker vikten av syfte i ditt dagliga liv.

Genom att avsiktligt införliva dessa metoder i det dagliga livet, kan individer främja en djupare koppling till sin känsla av syfte, skapa en mer meningsfull och tillfredsställande tillvaro. Denna odlingsprocess bidrar till bestående glädje och mental motståndskraft, då individer navigerar i livets utmaningar med en tydlig känsla av riktning och syfte.

D. Samband mellan syfte och mental motståndskraft

I välbefinnandets symfoni utspelar sig detta underkapitel som en uppenbarelse i det djupa samspelet mellan livets syfte och vår psykologiska styrka. Detta avsnitt inser att syftet inte bara är en vägledande kraft utan ett stadigt ankare under livets stormar, vilket bidrar till mental motståndskraft på anmärkningsvärda sätt. Genom att fördjupa sig i det symbiotiska förhållandet mellan en tydlig känsla av syfte och förmågan att studsa tillbaka från motgångar, uppmanas läsarna att upptäcka syftets transformerande kraft för att främja varaktig glädje och ett motståndskraftigt tänkesätt. När vi påbörjar denna utforskning kommer de efterföljande avsnitten att avslöja praktiska strategier och övningar, som erbjuder insikter om att odla syften och stärka mental motståndskraft som en integrerad del av en uppfylld och glädjefylld tillvaro.

1. **Resiliens inför utmaningar :**

Den djupa kopplingen mellan en känsla av syfte och mental motståndskraft blir uppenbar när man står inför livets utmaningar. Individer med en tydlig känsla av syfte uppvisar ofta större motståndskraft och ser motgångar inte som oöverstigliga hinder utan som tillfälliga vägspärrar på sin resa mot att uppfylla sitt livs syfte. Detta tänkesätt gör det möjligt för dem att navigera i svårigheter med en beslutsamhet som bottnar i en djupare förståelse för deras övergripande mål.

2. **Bidrag till mental hälsa :* *

Syfte bidrar väsentligt till den allmänna psykiska hälsan. När individer har en övertygande känsla av syfte upplever de ofta lägre nivåer av stress och ångest. Tydligheten och riktningen som ett målstyrt liv ger fungerar som en skyddande faktor, vilket minskar inverkan av negativa stressfaktorer på mentalt välbefinnande. Dessutom har en stark känsla av målsättning kopplats till lägre nivåer av depression och en högre övergripande livskvalitet.

3. **Förbättrade hanteringsmekanismer :* *

Individer med ett väldefinierat syfte tenderar att utveckla förbättrade hanteringsmekanismer när de ställs inför motgångar. En tydlig förståelse för varför man strävar efter specifika mål främjar motståndskraft genom att tillhandahålla ett ramverk för problemlösning och anpassning till utmanande omständigheter. Detta proaktiva förhållningssätt till problemlösning bidrar till mental motståndskraft, vilket gör det möjligt för individer att studsa tillbaka från motgångar mer effektivt.

4. **Motivation under svåra tider :* *

Sambandet mellan syfte och mental motståndskraft är särskilt tydligt under svåra tider. En känsla av syfte fungerar som en kraftfull motivator som uppmuntrar individer att hålla ut genom svårigheter. När de står inför motgångar hittar individer som är förankrade i sitt syfte en djupare källa av motivation som driver dem framåt, även när vägen är utmanande.

5. **Buffer mot depressiva tendenser :* *

Syftet fungerar som en robust buffert mot depressiva tendenser. Individer med en stark känsla av syfte uppvisar ofta en större förmåga att finna mening i sina upplevelser, vilket minskar sannolikheten för att falla i förtvivlan under svåra perioder. Denna förmåga att härleda mening bidrar väsentligt till mental motståndskraft och känslomässigt välbefinnande.

Att förstå det intrikata sambandet mellan syfte och mental motståndskraft belyser den transformerande kraften i att leva ett målstyrt liv. När individer medvetet anpassar sina handlingar till sina övergripande mål, stärker de sina psykologiska försvar och skapar ett motståndskraftigt tänkesätt som gör det möjligt för dem att navigera i livets komplexitet med nåd och beslutsamhet.

Att främja en känsla av syfte är en transformerande resa mot ett mer meningsfullt och motståndskraftigt liv. När vi avslutar denna utforskning kommer de efterföljande avsnitten att fortsätta att avslöja praktiska strategier och insikter, och erbjuda vägledning om hur man integrerar syften i det dagliga livet och förhindrar glidningen till depression, vilket i slutändan leder till en existens av oändlig glädje.

Kapitel tio

Slutsats

I kulmen på vår resa genom "Oändlig glädje: 100 sätt att förhindra att glida in i depression", står vi vid korsningen av introspektion och egenmakt. Denna omfattande guide har försökt belysa vägen till varaktig glädje och mental motståndskraft, och erbjuder insikter, strategier och övningar för att navigera i livets komplexitet. Från att förstå depressionens krångligheter till att odla syften, bygga motståndskraft och främja positiva vanor, har varje kapitel varit en språngbräda mot en mer uppfylld tillvaro. När vi drar för gardinen för denna utforskning är det avgörande att inse att att förhindra att glida in i depression inte är en engångssträvan utan ett pågående engagemang för självupptäckt och avsiktligt liv.

A. Att reflektera över resan

När vi står vid tidpunkten för introspektion och bemyndigande, inbjuder det här avsnittet läsarna att pausa och begrunda den djupgående expedition vi har genomfört. Varje kapitel har varit en kompass som vägleder oss genom välbefinnandets intrikata landskap, från att förstå komplexiteten i depression till att skapa en motståndskraftig och glädjefylld tillvaro. Detta ögonblick av reflektion tillåter oss att uppskatta den transformativa kraften i de insikter, strategier och övningar vi har mött. Det är en möjlighet att erkänna den djupa kopplingen mellan förståelse, syfte, motståndskraft och dagliga metoder för att främja mentalt välbefinnande. När vi ger oss ut på denna introspektiva resa kommer de efterföljande avsnitten att ytterligare belysa gobelängen vi har vävt och sätta scenen för läsarna att föra dessa insikter vidare, skapa sina egna berättelser om varaktig glädje och motståndskraft.

1. **Förstå depression :* *

Vår resa började med en djupdykning i depressionens rike, som belyser dess mångfacetterade natur och nödvändigheten av att främja mental hälsa. Genom att förstå tecknen, symtomen och den genomgripande inverkan på det dagliga livet, fick läsarna grundläggande insikter som är avgörande för proaktivt förebyggande.

2. **Bygga en stark grund :* *

Utforskningen fortsatte med att lägga grunden för motståndskraft och välmående. Kapitlen klargjorde betydelsen av att odla positiva vanor, främja en robust anslutning mellan sinne och kropp och etablera stödjande relationer. Denna grundfas utrustade individer med viktiga verktyg för att stärka sin mentala och känslomässiga motståndskraft.

3. **Anslutning mellan sinne och kropp : * *

Anslutningen sinne-kropp utvecklades som ett centralt kapitel, som betonade det intrikata samspelet mellan mentalt och fysiskt välbefinnande. Medvetna övningar, positiva affirmationer och stresshanteringsstrategier underströk den djupa inflytandet av den ena på den andra, och erbjöd holistiska metoder för att vårda både sinne och kropp.

4. **Positivt tänkande :* *

Genom att fördjupa sig i det positiva tänkandets transformativa kraft avslöjade resan hur odling av optimistiska perspektiv kan forma inte bara mentala landskap utan också dagliga interaktioner och upplevelser. Positivt tänkande uppstod som en dynamisk kraft för att navigera utmaningar med motståndskraft och främja ett tänkesätt som främjar välbefinnande.

5. **Dagliga träningar för mentalt välmående :* *

Utforskningen sträckte sig in i det dagliga livet och vägledde läsarna genom morgonritualer, medvetna ögonblick under dagen och kvällsövningar för reflektion och avkoppling. Den här omfattande guiden gav praktiska strategier för att ge varje dag intention, mindfulness och förnyelse.

6. **Föra emotionellt välbefinnande:**

Genom att inse den integrerade rollen av emotionellt välbefinnande utvecklades resan genom riken av emotionell medvetenhet, positiva känslomönster och etablering av stödjande system. Dessa aspekter blev hörnstenar i uppbyggnaden av en motståndskraftig känslomässig grund.

7. **Bygga motståndskraft :* *

Genom att avslöja strategierna för resiliens belyser guiden betydelsen av att förstå, utveckla och främja resiliensfärdigheter. Från att klara av utmaningar med positivitet till att odla social och emotionell motståndskraft, detta kapitel stärkte vår grund för att navigera i livets komplexitet med styrka och anpassningsförmåga.

8. **Första en känsla av syfte :* *

Det näst sista kapitlet utforskade syftets transformativa kraft och vägledde läsare att identifiera, odla och integrera syftet i det dagliga livet. Syftet uppstod som en kompass, som styrde individer mot varaktig glädje och mental motståndskraft genom att ge en djup känsla av mening och riktning.

När vi reflekterar över den här resan har varje kapitel varit ett språngbräda och erbjudit värdefulla insikter och handlingskraftiga strategier. Det holistiska förhållningssättet till välbefinnande har utvecklats som en gobeläng vävd med trådar av förståelse, syfte, motståndskraft och avsiktliga dagliga metoder. De efterföljande avsnitten av slutsatsen kommer att kapsla in essensen av denna transformativa expedition och sätta scenen för läsarna att ge sig ut på sin egen resa mot oändlig glädje och motståndskraftigt välbefinnande.

B. Ett holistiskt förhållningssätt till välbefinnande

När vi avslutar denna utforskning är det absolut nödvändigt att inse att förebyggande av depression inte är en strävan som passar alla. Istället är det ett helhetsgrepp som kombinerar självmedvetenhet, avsiktliga val och pågående egenvård. Det invecklade spektrumet av välbefinnande är vävt av trådar av förståelse, syfte, motståndskraft och dagliga metoder som tillsammans bidrar till att förebygga depression och odla oändlig glädje.

1. **Självmedvetenhet och avsiktliga val :* *

Det holistiska tillvägagångssättet börjar med självkännedom, en introspektiv resa som låter individer känna igen sina styrkor, sårbarheter och ambitioner. Beväpnad med denna självmedvetenhet kan avsiktliga val göras för att anpassa handlingar med personliga värderingar och mål. Detta medvetna beslutsfattande blir en hörnsten i odlingen av uthållig glädje och motståndskraft.

2. **Psykiskt och fysiskt välbefinnande:**

Sinnet och kroppen är inte olika enheter; de är sammankopplade aspekter av vår existens. Ett fokus på mental hälsa, som utforskats i förståelsen av depression och sambandet mellan sinne och kropp, är oskiljaktigt från fysiskt välbefinnande. Det holistiska tillvägagångssättet erkänner det symbiotiska förhållandet mellan mental och fysisk hälsa, och uppmuntrar metoder som ger näring åt båda aspekterna för övergripande vitalitet.

3. **Syfte som ledstjärna :* *

Syfte framträder som ett centralt tema i den holistiska välmåendeberättelsen. En känsla av syfte ger ett vägledande ljus och ger det dagliga livet mening och riktning. Som utforskats i kapitlet om att främja en känsla av syfte, bidrar att anpassa sina handlingar till ett större livssyfte avsevärt till mental motståndskraft och bestående glädje.

4. **Resiliens som en adaptiv kraft :* *

Resiliens är inte bara förmågan att studsa tillbaka från utmaningar; det är en adaptiv kraft som stärks med avsiktlig kultivering. Det holistiska förhållningssättet till välbefinnande erkänner vikten av att förstå, utveckla och främja motståndskraft. Denna adaptiva motståndskraft blir en nyckelfaktor för att navigera i livets osäkerheter och motgångar.

5. **Dagliga övningar som ritualer för egenvård:**

Strukturen i det dagliga livet, som utforskas i kapitel om positiva vanor och dagliga metoder för mental välbefinnande, är sammanvävd med ritualer för egenvård. Dessa avsiktliga övningar, från morgonritualer till nattliga rutiner, erbjuder stunder av mindfulness, förnyelse och reflektion. De blir de dagliga trådarna som bidrar till den övergripande väven av välbefinnande.

I grund och botten integrerar ett holistiskt förhållningssätt till välbefinnande de olika dimensionerna av våra liv, och erkänner deras sammanlänkning. Den inbjuder individer att omfamna självmedvetenhet, göra avsiktliga val och främja ett symbiotiskt förhållande mellan mental och fysisk hälsa, syfte, motståndskraft och dagliga metoder.

Med poeten Rumis ord, "Nöj dig inte med berättelser, hur det har gått med andra. Öppna din egen myt." Den här guiden har försökt ge dig möjlighet att utveckla din egen myt, skapa en berättelse om glädje och motståndskraft som är unik för dig.

C. Gå framåt

När vi tar farväl av den här guiden fortsätter resan. Den sträcker sig bortom dessa sidor till varje läsares levda erfarenheter, val och reflektioner. De verktyg och insikter som tillhandahålls är avsedda att vara följeslagare på denna pågående resa mot oändlig glädje. Kom ihåg att glädje inte är en avlägsen destination utan ett sätt att leva, ett medvetet val som görs varje dag.

Må sidorna i den här guiden vara en källa till inspiration, uppmuntran och bemyndigande när du navigerar i ditt livs vackra övernaturliga ramar. Omfamna varje ögonblick med avsikt, odla motståndskraft och hitta glädje i både små och betydelsefulla ögonblick. Resan mot oändlig glädje är din att skapa, och för varje steg kan du upptäcka den gränslösa potentialen för glädje och välbefinnande som finns inom dig.

Jag önskar dig ett liv fyllt av oändlig glädje och motståndskraftigt välbefinnande.

Med varma hälsningar,

Yovwe Sammyson

januari 2024

100 sätt att främja mentalt välbefinnande och förebygga depression

Här är en lista med 100 potentiella sätt eller allmänna strategier som individer kan överväga för att främja mentalt välbefinnande och förebygga depression. Det är viktigt att notera att dessa förslag inte är uttömmande, och läsare bör skräddarsy sitt tillvägagångssätt baserat på sina unika omständigheter.

1. Odla ett positivt tänkesätt.

2. Öva tacksamhet dagligen.

3. Delta i regelbunden fysisk aktivitet.

4. Utveckla ett starkt stödsystem.

5. Etablera hälsosamma sömnmönster.

6. Sätt upp realistiska mål.

7. Sök professionell hjälp vid behov.

8. Prioritera egenvård.

9. Begränsa exponeringen för negativa nyheter.

10. Bygg en rutin för stabilitet.

11. Omfamna mindfulness-övningar.

12. Anslut med naturen regelbundet.

13. Uttryck dina känslor öppet.

14. Lär dig stresshanteringstekniker.

15. Främja meningsfulla relationer.

16. Bli frivillig för en sak du bryr dig om.

17. Identifiera och utmana negativa tankar.

18. Öva djupandningsövningar.

19. Engagera dig i hobbyer och intressen.

20. Begränsa användningen av sociala medier.

21. Upprätta balans mellan arbete och privatliv.

22. Fira små prestationer.

23. Lär dig att säga nej när det behövs.

24. Utveckla problemlösningsförmåga.

25. Omge dig med positiva influenser.

26. Gå i terapi eller rådgivning.

27. Skapa en lugnande hemmiljö.

28. Utveckla en ekonomisk plan.

29. Bygg motståndskraft genom motgångar.

30. Håll dig socialt uppkopplad.

31. Öva positiva affirmationer.

32. Sätt gränser med giftiga relationer.

33. Sök möjligheter till skratt.

34. Begränsa koffein- och sockerintaget.

35. Engagera dig i kreativa aktiviteter.

36. Bygg en stark känsla av syfte.

37. Utforska nya upplevelser.

38. Öva förlåtelse.

39. Håll en balanserad kost.

40. Delta i sociala evenemang regelbundet.

41. Utveckla en morgonrutin.

42. Prioritera ensamtid för reflektion.

43. Lär dig färdigheter i tidshantering.

44. Etablera en sömnrutin.

45. Utöva snälla handlingar.

46. Utveckla ett tillväxttänkande.

47. Begränsa perfektionistiska tendenser.

48. Sätt realistiska förväntningar.

49. Identifiera och utmana negativt självprat.

50. Öva progressiv muskelavslappning.

51. Delta i regelbundna incheckningar med dig själv.

52. Vårda ditt andliga välbefinnande.

53. Fokusera på nuet.

54. Delta i stödgrupper.

55. Ta pauser under arbetet.

56. Skapa en lugnande läggdagsrutin.

57. Engagera sig i kognitiv beteendeterapi.

58. Sätt gränser med arbetskrav.

59. Reflektera över prestationer och styrkor.

60. Boka regelbundna läkarkontroller.

61. Öva självmedkänsla.

62. Utforska avslappningstekniker.

63. Etablera ett finansiellt skyddsnät.

64. Lär dig att delegera uppgifter.

65. Utmana samhällets förväntningar.

66. Identifiera och fullfölj dina passioner.

67. Utveckla en vårdrutin för husdjur.

68. Upprätta en regelbunden träningsrutin.

69. Delta i regelbundna incheckningar med nära och kära.

70. Prioritera aktiviteter som ger glädje.

71. Skapa en positiv morgonspellista.

72. Öva visualiseringstekniker.

73. Delta i regelbundna sensoriska pauser.

74. Etablera en tacksamhetsrutin på morgonen.

75. Ta pauser från arbetet när det behövs.

76. Utveckla ett sinne för humor.

77. Prioritera ensamtid för reflektion.

78. Sätt gränser med teknikanvändning.

79. Upprätta en regelbunden sömnrutin.

80. Delta i regelbundna sociala aktiviteter.

81. Öva självsäkerhet.

82. Upprätta en avslappningsrutin för läggdags.

83. Lär dig att hantera tid effektivt.

84. Sätt upp nåbara mål för varje dag.

85. Prioritera hälsosamma matvanor.

86. Upprätta en rutin för daglig träning.

87. Begränsa exponeringen för negativ påverkan.

88. Bygg ett starkt socialt stödnätverk.

89. Gå i terapi eller rådgivning.

90. Öva djupandningsövningar.

91. Engagera dig i hobbyer och kreativa sysselsättningar.

92. Reflektera över positiva aspekter av livet.

93. Begränsa exponeringen för stressiga situationer.

94. Upprätta balans mellan arbete och privatliv.

95. Delta i sociala evenemang regelbundet.

96. Anslut till naturen.

97. Öva jordningstekniker.

98. Prioritera egenvårdsaktiviteter.

99. Sök professionellt stöd när det behövs.

100. Anamma ett holistiskt förhållningssätt till välbefinnande.

Dessa strategier omfattar en mängd olika aspekter, inklusive egenvård, sociala kontakter, tankesätt och livsstilsval. Individer uppmuntras att utforska och anamma de tillvägagångssätt som mest resonerar med deras personliga preferenser och behov. Dessutom kan konsultation med psykiatriker ge personlig vägledning och stöd.

Ytterligare resurser

S. **Böcker om mental hälsa och välbefinnande:**

1. "The Happiness Advantage" av Shawn Achor

2. "Lost Connections" av Johann Hari

3. "The Power of Now" av Eckhart Tolle

4. "Atomic Habits" av James Clear

5. "Grit" av Angela Duckworth

B. **Webbplatser och onlineplattformar :* *

1. [National Institute of Mental Health (NIMH)](https://www.nimh.nih.gov/)

2. [Psychology Today](https://www.psychologytoday.com/)

3. [Mind](https://www.mind.org.uk/)

4. [Greater Good Magazine](https://greatergood.berkeley.edu/)

5. [Headspace](https://www.headspace.com/)

C. **Mobilappar för mentalt välbefinnande :* *

1. [Lugn](https://www.calm.com/)

2. [Headspace](https://www.headspace.com/)

3. [Happify](https://www.happify.com/)

4. [Daylio](https://daylio.webflow.io/)

5. [Moodfit](https://www.moodfit.co/)

D. **Podcasts och ljudresurser :* *

1. [The Tim Ferriss Show](https://tim.blog/podcast/)

2. [The Happiness Lab](https://www.happinesslab.fm/)

3. [The Minimalists Podcast](https://www.theminimalists.com/podcast/)

4. [TED Talks: Health](https://www.ted.com/topics/health)

5. [The Mindful Kind](https://www.rachaelkable.com/podcast)

E. **Stödgrupper och gemenskaper :* *

1. [NAMI (National Alliance on Mental Illness)](https://www.nami.org/)

2. [7 koppar](https://www.7cups.com/)

3. [Reddit Mental Health Communities](https://www.reddit.com/r/mentalhealth/)

4. [Psych Central Forums](https://forums.psychcentral.com/)

5. [Meetup : Mental Health Support Groups](https://www.meetup.com/)

F. **Utbildningskurser och workshops :* *

1. [Coursera](https://www.coursera.org/)

2. [Udemy](https://www.udemy.com/)

3. [Mindful Schools](https://www.mindfulschools.org/)

4. [De stora kurserna](https://www.thegreatcourses.com/)

5. [Khan Academy](https://www.khanacademy.org/)

G. **Terapi- och rådgivningsplattformar :* *

1. [BetterHelp](https://www.betterhelp.com/)

2. [Talkspace](https://www.talkspace.com/)

3. [Psychology Today Therapist Directory](https://www.psychologytoday.com/us/therapists)

4. [GoodTherapy](https://www.goodtherapy.org/)

5. [TherapyRoute](https://www.therapyroute.com/)

Ordlista med termer

1. **Depression :**

Definition: En psykisk störning som kännetecknas av ihållande känslor av sorg, hopplöshet och bristande intresse för aktiviteter. Depression kan påverka ens tankar, känslor och dagliga funktioner.

2. **Mental motståndskraft :* *

Definition: Förmågan att anpassa sig och studsa tillbaka från motgångar, stress eller utmaningar. Mental resiliens innebär att utveckla coping-förmåga, bibehålla ett positivt tänkesätt och navigera i svårigheter med styrka och flexibilitet.

3. **Anslutning mellan sinne och kropp : * *

Definition: Det invecklade förhållandet mellan mentalt och fysiskt välbefinnande. Aktiviteter och övningar som främjar harmoni mellan sinne och kropp, såsom mindfulness och träning, bidrar till den allmänna hälsan.

4. **Positivt tänkande :* *

Definition: En mental attityd som fokuserar på att hitta det goda i situationer, förvänta sig gynnsamma resultat och bibehålla en optimistisk syn. Positivt tänkande kan påverka ens känslor, beteenden och övergripande välbefinnande.

5. **Syfte :* *

Definition: En känsla av riktning, mening och betydelse i livet. Att ha ett tydligt syfte ger motivation, främjar motståndskraft och bidrar till en mer tillfredsställande och avsiktlig tillvaro.

6. **Resiliensfärdigheter :* *

Definition: Anpassningsförmåga som gör det möjligt för individer att hantera och övervinna utmaningar. Resiliensförmåga inkluderar problemlösning, känslomässig reglering och förmågan att studsa tillbaka från motgångar.

7. **Självmedvetenhet:**

Definition: Medveten kunskap om ens tankar, känslor och beteenden. Självkännedom är avgörande för personlig tillväxt, förståelse av motivationer och för att göra avsiktliga val.

8. **Stresshantering :* *

Definition: Tekniker och strategier för att hantera och minska stress. Stresshantering kan innefatta aktiviteter som djupandning, meditation och tidshantering.

9. **Stödjande relationer :* *

Definition: Kontakter med individer som ger känslomässigt, praktiskt och relationellt stöd. Stödjande relationer bidrar till en känsla av tillhörighet och påverkar psykiskt välbefinnande positivt.

10. **Välbefinnande:**

Definition: Ett holistiskt tillstånd av hälsa och lycka som omfattar fysiska, mentala och känslomässiga dimensioner. Välbefinnande speglar en positiv övergripande livskvalitet.